有光

—— 要有光！——

图书在版编目（CIP）数据

脑洞大派对：奇奇怪怪的超小众前沿300词/煎蛋队长著. -- 北京：北京联合出版公司，2024.12.（特别能装）. -- ISBN 978-7-5596-8115-7

I. H136

中国国家版本馆CIP数据核字第2024NV3088号

脑洞大派对：奇奇怪怪的超小众前沿300词
作　　者：煎蛋队长
出 品 人：赵红仕
出版监制：安　琪
特约策划：白毛毛
责任编辑：杨　青
封面设计：尧丽设计
内文排版：陆　靓

北京联合出版公司出版
（北京市西城区德外大街83号楼9层　100088）
北京启航东方印刷有限公司印刷　新华书店经销
字数150千字　110毫米×185毫米　1/32　9.5印张
2024年12月第1版　2024年12月第1次印刷
ISBN 978-7-5596-8115-7
定价：55.00元

版权所有，侵权必究
未经书面许可，不得以任何方式转载、复制、翻印本书部分或全部内容。
本书若有质量问题，请与本公司图书销售中心联系调换。电话：（010）64258472

目录

智能技术作为支持 1

生成式人工智能（Generative Artificial Intelligence） 2

虚拟现实技术（Virtual Reality） 2

增强现实技术（Augmented Reality） 3

混合现实技术（Mixed Reality） 4

扩展现实技术（Extended Reality） 5

HTML5（Hypertext Markup Language 5） 5

MCN（Multi-Channel Network） 6

行动定位服务（Location-Based Service） 6

用户生成内容（UGC） 7

职业生产内容（OGC） 8

专业生产内容（PGC） 8

专家生产内容（PUGC） 9

Vlog（Video Blog） 10

第二代网络（Web2.0） 11

第三代网络（Web3.0） 11

KOL（Key Opinion Leader） 12

元宇宙（Metaverse） 13

黑箱（Black Box） 14

技术奇点（Technological Singularity） 15

太空殖民（Interplanetary Migration）	16
数学建模（Mathematical Model）	17
人机文明（Human-Hight Tech Civilization）	17
数字孪生（Digital Twin）	18
数字化身（Digital Avatar）	19
数字隐私（Digital Privacy）	19
数字遗产（Digital Heritage）	20
数字原住民（Digital Natives）	21
数字移民（Digital Immigrants）	22
数字难民（Digital Refugees）	23
数字游民（Digital Nomads）	23
电子乌托邦（Electronic Utopia）	24
机器人新闻写作（Robotic News Writing）	25
对称密钥加密（Symmetric-Key Algorithm）	26
公开密钥加密（Public-Key Cryptography）	27
数字签名（Digital Signature）	27
算法驯化（Algorithm Domestication）	28
非线性（Nonlinear）	29
阿尔法围棋（Alphago）	30
分布式网络（Distributed Networks）	31

分布式经济（Distributed Economy） 32

比特（BIT） 33

数字化元件（Digital Components） 34

算法偏见（Algorithm Bias） 35

时空 AI（Spatio-Temporal AI） 35

深度学习（Deep Learning） 36

生命科学作为后盾 39

意识上传（Mind Uploading） 40

增强认知（Cognitive Enhancement） 41

人体冷冻技术（Cryonics） 42

神经机器人（Neural Robot）/ 脑机接口（Brain-Computer Interface） 43

记忆编辑（Memory Editing） 44

玛土撒拉点（Methuselarity）/ 长寿逃逸（Longevity Escape） 45

自溶（Autolysis） 46

外骨骼（Exoskeleton） 47

基因组学（Genomics） 48

试管肉（Artificial Meat） 49

内稳态（Homeostasis）	50
反馈自组织（Feedback Self-Organization）	51
端粒（Telomere）	52
跨性别（Transgender）	53
后稀缺（Post-Scarcity）	54
后人类（Posthuman）	56
量化自我（Quantified Self）	57
植入体（Implants）	58
反熵主义（Anti-Entropy Theory）	59
人工海马体（Artificial Hippocampus）	60
人工生命（Artificial Life）	61
生物黑客（Biohacking）	63
分子植物（Molecular Plant）	64
高聚白细胞（High-Density White Blood Cells）	65
共栖（Symbiosis）	66
植物防御机制（Plant Defense Mechanisms）	68
生态孤立（Ecological Isolation）	69
性选择（Sexual Selection）	71
社交动物行为（Social Animal Behavior）	72
海洋生态学（Marine Ecology）	73

生态学中的生态位竞争（Niche Competition in Ecology）

74

岛屿生物地理学（Island Biogeography） 75

动植物的冬眠和休眠（Hibernation and Dormancy in Plants and Animals） 77

激素调节（Hormonal Regulation） 78

社会性昆虫的分工（Division of Labor in Social Insects） 80

生态免疫学（Ecological Immunology） 81

遗传多样性与适应性（Genetic Diversity and Adaptation）

82

生物地理学（Biogeography） 83

免疫记忆（Immunological Memory） 85

遗传流（Gene Flow） 86

捕食－被捕食者关系（Predator-Prey Relationship） 87

复杂生态系统（Complex Ecosystem） 89

人类基因组计划（Human Genome Project） 90

生态位（Niche） 91

生态系统服务（Ecosystem Services） 92

化石记录（Fossil Record） 93

克隆生殖（Cloning Reproduction） 95

免疫系统（Immune System）	96
生态学中的能量流（Energy Flow in Ecology）	97
分子进化（Molecular Evolution）	98
生物多样性热点（Biodiversity Hotspots）	99
自然选择（Natural Selection）	101
遗传漂变（Genetic Drift）	102
共生进化（Coevolution）	103
基因表达调控（Gene Expression Regulation）	105
细胞自噬（Autophagy）	106
神经可塑性（Neuroplasticity）	108
人类起源理论（Human Origins Theories）	109
生态学中的食物链（Food Chain in Ecology）	111
社会生物学（Sociobiology）	112
病毒溶解（Viral Lysis）	113

数理概念作为支撑 — 115

被遗忘权（Right to be Forgotten）	116
合成媒体（Synthetic Media）	116
科技伦理（Ethics of Technology）	117
跨媒介叙事（Transmedia Storytelling）	118

媒介创新（Media Innovation）	119
耳朵经济（Ear Economy）	121
媒介隐没（Media Invisibility）	122
布朗运动（Brownian Motion）	123
链式反应（Chain Reaction）	124
纳米技术（Nanotechnology）	125
会聚技术（NBIC）	125
室温超导（Room-Temperature Superconductivity）	126
混沌理论（Chaos Theory）	127
元胞自动机（Cellular Automaton）	128
斑图（Speckle Pattern）	129
耗散结构（Dissipative Structure）	130
贪心算法（Greedy Algorithm）	131
庞加莱猜想（Poincare Conjecture）	132
模论（Modal Theory）	132
密码学（Cryptography）	133
分形（Fractal）	134
分数维度（Fractal Dimension）	135
分形动力学（Fractal Dynamics）	136
量子计算（Quantum Computation）	137

数字公共外交（Digital Public Diplomacy） 138

空间三元论（Spatial Triad） 139

奥尼尔圆柱体（O'Neill Cylinder） 140

时空分异（Spatiotemporal Differentiation） 141

尺度效应（Scale Effect） 142

复杂网络（Complex Network） 143

无尺度网络（Scale-Free Network） 145

小世界效应（Small-World Effect） 145

质性研究（Qualitative Research） 146

朗道势能（Lennard-Jones Potential） 148

差分形式（Differential Form） 149

超临界流体（Supercritical-Fluid） 150

超流体（Superfluidity） 151

分层随机效应模型（Hierarchical Random Effects Model）

152

双曲几何（Hyperbolic Geometry） 153

量子自旋液体（Quantum Spin Liquid） 154

自适应滤波器（Adaptive Filter） 154

核方法（Kernel Method） 155

遗传进化算法（Genetic Algorithm） 157

格林函数（Green's Functions）	157
光子晶体（Photonic Crystal）	158
双曲面体（Hyperboloid）	159
布洛赫振荡（Bloch Oscillation）	160
独立性（Independence）	161
莫比乌斯带（Mobius Strip）	162
微分流形（Differentiable Manifold）	163
鸟类迁徙（Bird Migration）	164
薛定谔的猫（Schrödinger's Cat）	165
粒子磁单极子（Particle Magnetic Monopole）	166
海洋涡旋（Oceanic Eddies）	167
计算复杂性理论（Computational Complexity Theory）	168
生成对抗网络（Generative Adversarial Networks）	170
柔性神经电子学（Flexible Neuroelectronics）	170
可持续计算（Sustainable Computing）	172
相对论（Theory of Relativity）	172
狭义相对论（Special Relativity）	173
广义相对论（General Relativity）	174
大爆炸理论（Big Bang）	175
量子力学（Quantum Mechanics）	176

弦理论（String Theory） 177

黑洞信息悖论（Black Hole Information Paradox） 178

图灵机（Turing Machine） 179

图灵测试（Turing Test） 180

生命的起源理论（Theories of the Origin of Life） 181

孪生素数猜想（Twin Prime Conjecture） 182

哥德尔不完备定理（Gödel's Incompleteness Theorems）

183

柏拉图的五个凸体（Platonic Solids） 185

孤子（Soliton） 186

兰道-拉马努金数（Landau-Ramanujan Number） 187

柯尔莫哥洛夫复杂性理论（Kolmogorov Comple-xity Theory） 188

编辑距离（Levenshtein Distance） 189

意大利面定理（Spaghetti Theorem） 190

哈肯连续统假设（Continuum Hypothesis） 191

离散对数问题（Discrete Logarithm Problem） 193

拉莫尔检验（Larmor Precession） 194

时间晶体（Time Crystals） 195

广义加法定理（Generalized Addition Theorem） 197

本体论（Ontology）	198
贝叶斯网络（Bayesian Network）	199
斯特恩-格拉赫实验（Stern-Gerlach Experiment）	200
偏微分方程（Partial Differential Equations）	201
黎曼-曼戈尔特定理（Riemann-Mangoldt Theorem）	203
范畴论（Category Theory）	204
盖尔范德理论（Gelfand Theory）	205
迭代函数系统（Iterated Function System）	207
可计算性理论（Computability Theory）	208
刚体动力学（Rigid Body Dynamics）	209
模型选择理论（Model Selection Theory）	210
自适应控制（Adaptive Control）	212
分数阶微积分（Fractional Calculus）	213
自发对称破缺（Spontaneous Symmetry Breaking）	215
六色定理（Six Color Theorem）	216
麦克斯韦方程组（Maxwell's Equations）	217
指数函数的拓广（Generalization of Exponential Functions）	218
平面分割问题（Plane Division Problem）	220
超越数的特性（Properties of Transcendental Numbers）	221

玻尔兹曼熵（Boltzmann Entropy） 222

幻影物质（Phantom Matter） 223

环状格点（Toric Lattice） 224

卡利格拉夫复数（Calygraff Complex Numbers） 226

概率幻想（Probability Fallacy） 227

弱拓扑（Weak Topology） 228

多元统计分析（Multivariate Statistical Analysis） 229

计算流体动力学（Computational Fluid Dynamics） 231

非交换代数（Non-Commutative Algebra） 232

离散事件仿真（Discrete Event Simulation） 233

主元分析（Principal Component Analysis） 234

弱相互作用（Weak Interaction） 236

高斯－博内定理（Gauss-Bonnet Theorem） 237

朗道－费米液体理论（Landau-Fermi Liquid Theory） 238

量子反常霍尔效应（Anomalous Quantum Hall Effect） 239

自由度计数问题（Degrees of Freedom Counting Problem）

241

狄拉克方程（Dirac Equation） 242

林德布拉德理论（Lindblad Theory） 243

热传导方程（Heat Conduction Equation） 244

克莱因－戈尔登方程（Klein-Gordon Equation） 245

扭结理论（Knot Theory）	246
物理学中的封闭曲线（Closed Curve in Physics）	247
高超声速流动（Hypersonic Flow）	248
图论中的哈密顿回路（Hamiltonian Circuit in Graph Theory）	250
莱特希尔滤波器（Lighthill Filter）	250
霍洛维茨定理（Horowitz's Theorem）	252
中立性理论（Neutral Theory）	253
卡斯特利随机游走（Kasteleyn Random Walk）	255
吉布斯佯谬（Gibbs Paradox）	256
弗罗贝尼乌斯定理（Frobenius Theorem）	257
椭圆曲线密码学（Elliptic Curve Cryptography）	259
马尔可夫逻辑网络（Markov Logic Network）	260
虚拟粒子（Virtual Particle）	262
贝尔不等式（Bell's Inequality）	263
希尔伯特空间（Hilbert Space）	265
等渗线（Isochrone）	266
多层次建模（Multilevel Modeling）	267
纳米机器人学（Nanorobotics）	269
基因调控网络（Gene Regulatory Network）	270

雅可比行列式猜想（Jacobian Conjecture） 271

梯度消失问题（Vanishing Gradient Problem） 272

离子阱量子计算（Ion Trap Quantum Computing） 274

湍流流体力学（Turbulent Fluid Mechanics） 275

独立粒子近似（Independent Particle Approximation） 276

模型论（Model Theory） 277

量子键合图（Quantum Entanglement Diagram） 279

熵（Entropy） 280

零知识证明（Zero-Knowledge Proof） 281

非唯一性定理（Non-Uniqueness Theorem） 282

信息物理学（Information Physics） 283

球状编码（Spherical Coding） 284

智能技术作为支持

生成式人工智能（Generative Artificial Intelligence）

生成式人工智能（GAI），是一种利用生成对抗网络（GANs）、大型预训练模型等人工智能技术方法来生成相关内容的技术。GAI通过学习和识别已有数据，从而能够生成具有一定创意和质量的内容，或者我们可以把它简单地理解为人工智能（AI）所产生的内容输出。

GAI并不算一个专有名词，类似的国际术语有"人工智能合成媒体"（AI-Generated Media 或 Synthetic Media），其定义是"通过人工智能算法对数据或媒体进行生产、操控和修改的统称"，GAI可以根据要求生成与之匹配的文章、图像、音频等，应用潜力广泛。

「延伸：GAI主要用于自动化创作、内容生成、虚拟角色的创造等领域。例如现在火热的Mj（Midjourney）通过少量的人参与生成大量全新内容，以期实现无须人类参与，由AI主动生产内容的壮观场景。」

虚拟现实技术（Virtual Reality）

虚拟现实技术（VR）是利用电脑模拟产生虚拟的三维空间，提供用户关于视觉等感官的模拟体验，通过姿势追踪和3D显示器（通常通过头戴式硬件，也被称为

"头显")来实现。它利用现实生活中的数据，并通过计算机技术将其转化为能够让人们感受到的现象，这些现象可以是真实的物体，也可以是肉眼无法看到的物质。VR的流行，是因为它能够提供超越现实的体验，让人有身临其境的感觉。VR还能够模拟人类的各种感知功能，如听觉、视觉、触觉、味觉和嗅觉等感知系统，使用户能够享受沉浸式体验。

在娱乐领域，人们可以通过VR参与游戏、观看电影或体验虚拟旅游；在教育领域，VR可以提供身临其境的学习体验，帮助学生更好地理解和记忆知识；在医疗领域，VR可以用于手术模拟、康复训练和病人治疗；此外，VR在建筑设计、工业制造、航天航空等领域也发挥着重要作用。

「延伸：在VR中，整个视野都是虚拟出来的，与现实场景无关。例如，用户戴上VR眼镜后可以瞬间来到外星球，与好友一起玩太空对战游戏，就像电影《头号玩家》中所描绘的那样。」

增强现实技术（Augmented Reality）

增强现实技术（AR）是一种将虚拟信息与真实世界巧妙结合的技术。通俗来讲，技术能让电子设备通过算法了解真实世界,并在现实世界的基础上融入虚拟信息,起到增强现实的效果,这种技术于1990年兴起。随着随身电子产品运算能力的提升,AR的用途也越来越广。

许多零售商利用AR来提供虚拟试衣间、产品展示和体验,帮助消费者更好地了解他们的产品。AR还可以用于手术模拟、病例学习和患者治疗,提高医疗保健领域的效率和准确性。

「延伸:在AR中,视野中仍然包含现实世界的影像,但在现实世界基础上叠加了虚拟的物体。这些虚拟物体可以与现实场景互动,例如按照现实世界的位置摆放虚拟物体或贴合到墙壁上,因此,AR被称为"增强现实"技术。」

混合现实技术(Mixed Reality)

混合现实技术(MR)是虚拟现实技术的进一步发展,它将真实世界和虚拟世界融合在一起,创造出一种全新的可视化环境。与AR不同,MR创造了新的环境和可视化,物理实体和数字对象共存并能实时相互作用,以用来模拟真实物体。MR融合了现实、AR和VR,是一种合成品。

苹果在2023年全球开发者大会上发布的Vision Pro

即是一款 MR 设备。从演示效果看，Apple Vision Pro 的功能十分惊人：只需要用眼神、手势和语音就能调动"与现实紧密连接的神奇世界"。

「延伸：MR 通常也被称为 AR2.0，正是因为 MR 提供了更加丰富的视觉效果和交互体验，所以进一步模糊了现实世界和虚拟世界之间的界限。」

扩展现实技术（Extended Reality）

扩展现实技术（XR）指的是通过计算机技术和可穿戴设备创造出的一种真实与虚拟相结合、可实现人机交互的环境。XR 包括 AR、VR 和 MR 等多种形式。换句话说，XR 是一个总称，用来统称 AR、VR 和 MR，以避免概念混淆，从部分的感测器输入到沉浸式虚拟，都算是扩展现实。

HTML5（Hypertext Markup Language 5）

HTML5（H5），是一种用于创建和呈现网页内容的标记语言。H5 是 HTML 的第五个版本，它引入了许多新的功能和改进，旨在使互联网应用程序更加丰富、交互性更强、跨平台兼容性更好，这个标准的发展对于现代互联网的发展具有重要意义。

「延伸：快速迭代是H5的特点之一，体量小、交互多、便于更新迭代、适用的平台广，用户可以迅速获取新的功能和体验，制作方降低了试错成本，用户满意度增加了。」

MCN（Multi-Channel Network）

MCN是一个与互联网媒介相关的机构（如小红书、抖音、快手等）合作的组织，通常被称为网红经纪公司。MCN可以协助创作者管理他们的频道，提供品牌合作机会、内容制作和分销等支持，包含受众群体拓展、内容编排、创作者协作、数字版权管理、获利和销售等服务，以帮助他们扩大影响力和赢利，从而换取签约创作者的一部分收入。

行动定位服务（Location-Based Service）

行动定位服务（LBS）又称适地性服务、位置服务，是通过移动运营商的无线电通信网络（如GSM网、LTE网）或外部定位方式（如GPS）获取移动终端用户的位置消息（地理坐标），为用户提供定位相关服务的一种业务。

这种服务可以应用于不同的领域，一般用来辨认一个人或物的位置,例如发现最近的餐饮店或充电桩的位置,也能通过客户目前所在的位置提供推送广告、个人化的天气消息等。

用户生成内容(UGC)

用户生成内容(UGC)全称为 User-Generated Content,指网站或其他开放性介质的内容由用户贡献生成,也就是让用户自发地生成内容,想想那些微博热搜、B 站上的自制动画,还有各种奇思妙想的视频,这些都是 UGC 的典范。这个概念在 21 世纪初随着网络社区的兴起而流行开来,特别是当 YouTube、Facebook 这些平台横空出世,让每个人都有机会成为内容的创造者。就像在一个巨大的虚拟聚会中,每个人都可以拿出自己制作的美食或者表演的节目来分享。UGC 的魅力在于它的多样性和真实性,让内容的生产和消费更加民主化。不过,这也带来了信息过载和内容质量不一的问题,不过,无论如何,UGC 确实让我们的数字生活更加丰富多彩。

「延伸:平台方如何靠用户生成的内容赢利?通常用户免费地上传自己的内容,内容贡献给平台的数据库,之后由平台收集整理大量相关数据,并构建成媒介(一般是 App)提供给访问者浏览,平台通过页面广告、赞助会员费或其他各种方式赢利。」

职业生产内容（OGC）

职业生产内容（OGC）全称为 Occupationally-Generated Content，是指具有一定知识和专业背景的行业人士生产的内容。从业人员在视频、新闻等网站中，以提供相应内容为职业，如媒体平台的记者、编辑、版主，既有新闻的专业背景，也通过写稿领取报酬。

OGC 的生产主体是从事相关领域工作的专业人员，具有相关领域的职业身份。OGC 的典型特征就是质量高，由于其内容生产掌握在专业人员手中，自然能给用户提供高质量的深度内容，这与 UGC 良莠不齐的内容有着较大区别。

专业生产内容（PGC）

专业生产内容（PGC）全称为 Professional-Generated Content，指的是由专业人士或者机构制作、通常拥有更高的制作价值和信息准确性的内容。

Netflix 的原创系列、《纽约时报》的深度报道，或者是 BBC 的纪录片，这些都是 PGC 的例子。PGC 的出现可以追溯到传统媒体的早期阶段，但在数字时代，它的形式和传播方式已经发生了翻天覆地的变化。现在的 PGC 不仅仅是在电视和报纸上,也活跃在各种流媒体平台和社交媒体上,甚至在 YouTube 这样的平台上也能找到由专业团队制作的内容。PGC 的主要优势在于它的专业性和可信度,这让它在信息泛滥的时代显得尤为重要。不过,这也意味着它的制作成本通常较高,更新速度可能不如 UGC 那样快。

「延伸:OGC 可以理解成一个个专家的个人账号,比起鱼龙混杂的 UGC 内容,可以帮助用户获取更高质量的信息,而 PGC 可以理解成一个个专业团队,输出大成本制作精良的超高质内容,OGC 与 PGC 有一定的相似之处。」

专家生产内容(PUGC)

专家生产内容(PUGC)是一个相对较新的概念,全称为 Professional User Generated Content,它介于 PGC 和 UGC 之间,是一种将 UGC 和 PGC 相结合的内容生产模式,以 UGC 形式产出的相对接近 PGC 的专业内容。这类内容通常由具有一定专业技能或者专业知识的用户制作,但仍保持用户生成内容的自发性和原创性。PUGC 的制作者可能是业余的摄影师、独立的游戏开发者,或者是拥有深厚专业背景的博主,他们虽然不属于传统的媒体或娱乐公司,但能够提供接近专业水平的内容。

「延伸:蜻蜓FM和喜马拉雅FM,都是利用PUGC生态战略,内容生产以UGC+PGC+独家版权组成,利用众多大咖产出的高质量内容,吸引大量普通用户,同时打通产业上下游,形成完整的音频生态链。」

Vlog(Video Blog)

Vlog翻译为视频博客,其作者以影片代替文字或照片,上传到社交媒体平台。Vlog的主题从全球旅行、美食探店,到日常生活琐事和专业知识分享,无所不包。

Vlog的魅力在于它的真实性和亲近感。Vlogger(Vlog的制作者)通过镜头与观众建立一种近乎朋友般的关系。用户可以看到他们在巴黎街头品尝可颂、在家中尝试新的烹饪食谱,或者只是坐在书房分享他们对最新科技产品的看法。这种格式的自由度很高,不需要电影级的制作,一个简单的相机或智能手机就足以开始创作。随着技术的发展和社交媒体平台的普及,Vlog已经成为连接人们、传递情感和分享知识的重要方式。

第二代网络（Web2.0）

Web2.0 也称为参与式网络或社交网络。Web2.0 网站允许用户成为内容的创建者，并通过社交媒体的对话进行交互和协作。这标志着互联网从静态的信息发布平台转变为动态、交互式的网络生态。这与第一代网络（Web1.0）时代的网站形成了对比，在 Web1.0 时代，人们只能被动地浏览内容。

过去的互联网就像是一座巨大的图书馆，用户可以在那里找到各种各样的信息，但只能被动地接收和阅读。而 Web2.0 就像是把这座图书馆变成了一个热闹的咖啡厅，用户不仅可以阅读书籍，还可以和其他人交流、分享想法，甚至共同创造内容。社交媒体、博客、问答百科等都是 Web2.0 时代的代表，它们让每个人都有了发声的机会，打破了信息传播的单向模式，让互联网变得更加丰富多彩。

第三代网络（Web3.0）

过去的互联网是由中心化的服务器和平台控制的，而 Web3.0 则是建立在区块链和加密技术之上的，这意味着数据不再集中存储在少数几个大型公司的服务器上，而是分布式存储在全球范围内的节点上，保证了数据的安全性和透明性。

在 Web3.0 时代，我们不仅可以享受到更加开放、自由的信息交流和社交体验，还可以参与到去中心化的应用和数字经济中，比如去中心化金融（DeFi）、去中心化身份验证等，让每个人都能拥有更多的自主权和控制权。

此外，智能合约也是 Web3.0 的一个重要特征，它们是一种基于区块链的自动化合约，能够在没有中间人的情况下执行交易和协议，保证了交易的安全性和可靠性。

「延伸：传统的社交网络经常面临隐私泄露和数据滥用的问题。在 Web3.0 中，你可以使用去中心化的社交网络，你的信息不会集中在一个中心服务器上，而是存储在多个节点上，这增加了安全性和隐私保护。」

KOL（Key Opinion Leader）

Opinion Leadership 一词源自保罗·拉扎斯菲尔德和埃利胡·卡茨的"两级传播"理论（Two-Step Flow of Communication），该概念和所代表的人群有时也被称为关键意见领袖、关键舆论领袖，是源于营销学／市场营销学的词语。

简单来说，KOL就是网络世界的"意见领袖"，他们有着一定的专业知识或者影响力，能够在特定领域影响着大众的看法和行为。现在，随着社交媒体的兴起，KOL已经成为推动产品营销和品牌传播的重要力量。他们可以是行业专家、社交名人、博主、Vlogger，甚至是你的邻居小明，只要他们在某个领域有一定的知识或者影响力，都可以称之为KOL。在营销方面，品牌通常会与KOL合作，通过他们的推荐或者评价来吸引更多的关注和购买行为。

「延伸：例如一位美妆博主在社交媒体上分享了一篇关于某种化妆品的使用体验，这种内容往往会吸引很多粉丝的关注，美妆博主此时作为KOL对品牌的销售产生了积极影响。」

元宇宙（Metaverse）

元宇宙泛指用户通过控制虚拟化身进行互动的虚拟世界，一般指三维虚拟世界，其中侧重于社会和经济的联系，起源于1992年的科幻小说《雪崩》。

在元宇宙中，人们可以通过虚拟头盔、手套等设备，与其他用户互动、交流，甚至进行商业活动。比如，用户可以在元宇宙中与朋友们一起玩游戏、看电影，甚至购物和参加虚拟活动。有些公司甚至正在研发元宇宙平台,希望将其打造成一个集娱乐、社交、教育、商业等功能于一体的全新数字生态系统。一些元宇宙的实现依赖于数字货币,通常是加密货币。元宇宙中的资产有时作为不可兑换代币(NFT)进行交易,并使用区块链技术追踪所有权。

「延伸:在英国,有一位少女向警方报案,称她在玩虚拟现实游戏时,游戏中的身份遭多名陌生男玩家性侵,这是首宗元宇宙性侵案。该事件引起广泛讨论,虽然在元宇宙中性侵没有身体接触,但玩家受到的心理创伤与真实世界被性侵的受害者相同。」

黑箱(Black Box)

在控制论中,通常将未知的区域或系统称为"黑箱",而将完全了解的系统和区域称为"白箱",介于黑箱和白箱之间或部分可见的黑箱称为"灰箱"。一般来说,在社会生活中广泛存在着不能观察但可以控制的"黑箱"问题。例如,我们每天都看电视,但我们并不了解电视机的内部构造和成像原理,对我们来说,电视机的内部构造和成像原理就是"黑箱"。

黑箱理论是一种用于研究系统外观各方面关系但不

试图解释这些关系的原因的术语。牛顿的万有引力理论可以看作是一种黑箱理论。黑箱理论主要研究那些没有直接显现特征的系统，只能通过考虑其内部因素来进行研究。在研究中，我们假定观察者是无知的，因为大部分数据都保存在系统的内部环境中，无法被直接观察。

技术奇点（Technological Singularity）

技术奇点是一个理论上的未来时刻，意味着技术的进步将变得不可预测、不可逆转，可能对人类社会产生无法预料的影响。古德的智能爆炸模型表明，一个可自我升级的智能代理最终将进入一个自我增强的循环，每一代新的更智能代理的产生速度都会越来越快，导致智能水平的急速增长（爆炸），最终形成一个超级智能体，其智力远远超越人类。

弗诺·文奇（Vernor Vinge）在 1983 年发表的一篇文章中首先普及了"奇点"这一概念，他在文章中声称，一旦人类创造出比自身更强大的智能体，技术和社会转型就会出现，在某种意义上类似于"黑洞中心打结的时空"。另一个促使奇点概念广泛传播的重要人物是雷·库兹韦尔（Ray Kurzweil）2005 年出版的《奇点临近》（*The Singularity is Near*）一书，该书预测奇点将出现在 2045 年。

「延伸：我们的未来不再是经历进化，而是要经历爆炸。——雷·库兹韦尔」

太空殖民（Interplanetary Migration）

太空殖民（又称地外殖民、太空移民、太空定居）是指在地球以外建立永久的人类居住地，以及对太空中的资源取得控制权。虽然目前的科技水平尚未实现星际移民，但这一概念在科幻文学、电影和科学研究中被广泛讨论和想象。

支持太空殖民的观点之一是，在发生地球规模的灾难（无论是自然灾害还是人为灾难）时，太空定居可以确保人类文明和生命的延续。此外，太空中的资源丰富，可以为人类社会提供更多的发展空间。

然而，也有反对太空定居的观点。其中一个主要反对意见是担心太空的商业化可能加剧现有强国（包括主要经济和军事机构）的利益，而不利于全球社会的公平与平等。此外，与在地球上使用相同的资源相比，太空定居需要巨大的机会成本，可能导致资源的浪费。另外，太空定居还可能加剧战争、经济不平等和环境恶化等已经存在的有害趋势。

数学建模（Mathematical Model）

数学建模是使用数学来将一个系统简化后予以描述。数学模型广泛应用于自然科学（如物理学、化学、生物学、宇宙学）、工程学科（如计算机科学，人工智能），以及社会科学（如经济学、心理学、社会学和政治科学）。数学模型可用来解释一个系统，研究不同组成部分的影响，以及对行为做出预测。常见的模型包括动力系统、概率模型、微分方程或赛局模型等等。描述不同对象的模型可能有相同的形式，同一个模型也可能包含不同的抽象结构。

数学建模通常由关系与变量组成。关系可用算符描述，例如代数算符、函数、微分算符等。变量是可量化的系统参数的抽象形式。通常情况下，数学建模要注意以下特征：线性与非线性、静态与动态、显式与隐式、离散与连续、确定性与概率性（随机性）、演绎归纳与漂移。

人机文明（Human-Hight Tech Civilization）

人机文明代表了新技术对人类文明带来的改观，包括技术、文化、社会和伦理等多个方面。它强调了先进计算机技术和人工智能对我们社会的深刻影响，就像是机器学习、自动化、大数据分析等技术正在改变我们的生活方式、工作方式和日常决策，比如自动驾驶汽车、自动化生产线、语音助手等。这些系统就像是超级英雄，可以执行超级复杂的任务，扩大了人类的能力边界。

随着人机文明的不断发展，关于伦理和道德问题的讨论也越来越重要。比如隐私问题、数据安全、人工智能决策的公平性以及机器人伦理等。这些问题都是我们需要认真对待的，因为它们关系到我们的未来。

而且，未来可能还会涉及更先进的技术，比如量子计算和脑机接口，以及与机器人、VR和AR等新兴技术的融合。人机文明代表了技术和人类社会的密切互动，它对我们的生活方式、价值观和道德标准产生了深远的影响。

数字孪生（Digital Twin）

数字孪生指在信息化平台内模拟物理实体、流程或者系统，打造出类似实体系统在信息化平台中的双胞胎。通过这种数字映射，人们可以便捷地在数字平台上了解物理实体的状态，甚至可以对物理实体里面预定义的接口组件进行控制。

数字孪生技术在各个领域都有很多用途。比如，在产品设计方面,它可以帮助工程师模拟和测试产品的性能,提前发现问题并加以改进;在医学领域,数字孪生可以用来模拟人体器官的功能和疾病发展,有助于医生做出更准确的诊断和治疗计划;在工程建设方面,数字孪生可以用来监测和管理建筑物或基础设施的运行状态,提高效率和安全性。

数字化身(Digital Avatar)

数字化身就是把个人的身份、行为和信息变成数字的形式,并在数字平台上管理和存储这些数据的过程。比如用户在网上做的各种活动、点赞、评论等都算在内。随着人工智能技术的发展,我们可以更智能地分析和利用这些数字化身。但是,人们对于自己数字化身数据的控制权变得越来越重要。总的来说,数字化身是指我们在网络和电脑平台上的数字形象,如何合理、安全以及在保护隐私的情况下使用这些数据是一个很大的问题。

数字隐私(Digital Privacy)

数字隐私是指在数字化时代产生的与个人身份相关的信息。这些信息包括身份证信息、手机号码、电子邮件、社交媒体信息、浏览记录等,通常来自网上购物、社交网络、应用程序、搜索引擎等在线活动。

保护数字隐私意味着确保个人数据不被滥用、泄露或盗用。这不仅是个人的权利,也反映了社会对个人隐私的信任和尊重。保护数字隐私通常包括保护数据的机密性、完整性和可用性。机密性确保个人信息只能被授权的人访问,完整性保证信息没有被篡改,而可用性表示个人可以通过特定的授权和权限获取自己的数据。

数字遗产(Digital Heritage)

数字遗产是指互联网上的数字文化遗产,即以互联网为承载形态的文字作品、资料、图片和影音,它们形成了一种文化传承的遗产,也就是今天互联网上的读书频道、文化频道、博客、论坛、BBS、空间等里面涉及的创作、记录等内容。

数字遗产包括但不限于:

1. 社交媒体账户:包括 Facebook、Instagram、Twitter、Linkedin 等平台的账户和内容,例如发布的照片、视频、留言和私信等;

2. 电子邮件账户:个人的电子邮件账户中存储了大量的通信记录、联系人信息、重要文件和交易记录等;

3. 照片和视频:个人在电脑、手机或云存储中保存

的照片和视频,可能包括家庭照片、旅行视频、纪念活动记录等;

4. 财务记录:包括银行账户、投资账户、数字货币钱包等的账户信息和交易记录;

5. 文件和文档:包括个人的文档、电子书籍、学术论文、工作报告等在电脑或云存储中的文件;

6. 音乐和媒体:包括个人收藏的音乐、电影、电视节目等数字化媒体内容;

7. 网站和域名:个人拥有的网站、博客或在线商店,以及相关的域名和托管服务;

8. 虚拟资产:在线游戏中的角色、道具、虚拟货币等。

数字原住民(Digital Natives)

数字原住民是指在网络时代成长起来的一代人,由教育游戏专家马克·普伦斯基(Marc Prensky)于2001年在他的文章《数字原住民,数字移民》中首次提出。这个概念将那些在网络时代成长的人称为"数字原住民",他们具备广泛的数字技术知识和设备,能够直观理解和熟练运用新兴数字技术。普伦斯基还强调,数字原住民习惯于快速吸收信息,擅长同时处理多个任务,更偏好以图表和图像形式呈现信息,并且倾向于随机和即时获取方式，例如超链接。他们在网络环境中表现出色，喜欢即时反馈和频繁奖励，更愿意与游戏互动，而不是从事"严肃"的工作。在媒介化社会的背景下，数字原住民逐渐赛博格化，即身体逐渐被技术渗透，与数据融为一体。

数字移民（Digital Immigrants）

数字移民指的是那些出生较早，在面对数字技术和数字文化时必须经历艰难和艰难的学习过程的人。与数字原住民不同，数字移民必须经历一个非常不同的、更困难的学习数字技术的过程。他们就像现实世界的新人，必须想办法适应面前的新数字环境。

数字移民是深刻的、专注的，他们可能需要将电子邮件的内容打印出来才能阅读它们，而数字原住民则在屏幕上阅读它们。数字原住民和数字移民的区别在于，一个是不自觉地生活，另一个是有意识地融入其中。对于数字移民来说，数字时代的语言是需要重新学习的第二语言。

「延伸：有一个有趣的比喻：口音（accent），即后来者无论多么努力地接近"伦敦口音"，也总有一种"数字山村"的味道。这种"口音"可以很容易地被识别出来。

步履蹒跚，困惑，带着浓重的口音——这是数字移民的尴尬处境。」

数字难民（Digital Refugees）

数字难民是指那些依赖数字技术（如网络、移动和电脑技术）的人群。他们通常无法获得全球经济中应有的尊重和成功机会，成为经济体系中的弱势群体。数字难民的问题可以追溯到20世纪80年代计算机技术的兴起。随着技术进步，受教育程度较低的人被边缘化，因为他们缺乏必要的技能和培训。在发展中国家，大量农民失去工作机会，因为自动化技术取代了传统的生产方式，这导致了数字难民现象的加剧。他们无法参与全球经济，常常受到歧视和忽视，社会的不平等随之而加剧。解决这一问题对整个社会的发展至关重要，因为它影响到了社会福利和就业机会的均衡分配。

数字游民（Digital Nomads）

数字游牧像是一群现代的数字民族，他们不再被困在办公室的四壁之间，而是利用互联网和智能设备，在全球范围内自由地穿行。想象一下，有个名叫小明的数字游牧者，他可以在泰国的沙滩上办公，同时欣赏着日落和海浪；或者在云南的洱海边，与同事们一起进行在线会议。数字游民的生活丰富多彩，他们可以随心所欲地旅行，体验不同国家和地区的文化和美食，同时也能保持与世界各地的朋友和客户联系。

除了旅行，数字游民还可以通过创业来实现自己的梦想。他们可以利用社交媒体平台在全球范围内销售自己设计的手工艺品，比如从墨西哥的玛雅文化中汲取灵感，再融入现代时尚元素，创造出独一无二的产品，这些手工艺品受到了来自世界各地的顾客们的喜爱和追捧。数字游民不受地域限制，可以将自己的创意和才华展现给全世界，实现自己的人生价值。

电子乌托邦（Electronic Utopia）

电子乌托邦是这样一种思想倾向，认为当代大众传媒会因其传播渠道的双向性和网络的实时互动性带来足够的民主和自由，通过发展互联网技术严格监管大众、控制舆论，带来人类道德的进步，从而解决人类社会的一切问题。

这种倾向主要来自大众传播时代的早期，比如自由主义报刊理论中的"意见的公开市场"认为媒体可以促进自由市场中的意见交流和辩论；美国社会学家库利曾表示,"印刷意味着民主",印刷媒体可以促进民主思想的传播;而麦克卢汉的媒介理论更是充满电子乌托邦的色彩,他认为新媒体将带来更广泛的信息共享和社会参与。

「延伸:有关这个概念可以看看托马斯·莫尔的《乌托邦》和威廉·米切尔的《电子乌托邦》。米切尔描绘了一个理想的数字社会,在这个乌托邦中,科技和互联网创造了一个近乎完美的世界。人们可以随时随地访问无限的信息,互联网成为知识的宝库,每个人都可以从中受益。在这里人人平等,每个人都能够享受到科技带来的好处,通过超级在线教育,减少数字鸿沟,让更多的人受益于科技的发展。」

机器人新闻写作(Robotic News Writing)

机器人新闻写作是利用人工智能技术来革新新闻产业的一种趋势,这种技术通过自然语言处理和自动化算法生成新闻报道,使得新闻机构能够迅速报道实时事件,如股市动态、体育比赛结果和天气预报等。机器人新闻写作能处理大量数据,并批量生成结构相似的报道,例如选举结果和公司财务报告。

正是因为这项技术是数据驱动的,所以可以从多种数据源提取信息并转化为易懂的文本，它尤其适用于金融、体育和天气等领域。机器人新闻写作还允许用户自定义模板和规则，以生成特定领域的新闻报道。虽然机器人新闻写作带来了许多潜在优势，但也存在挑战，如确保内容准确性、避免虚假信息的传播以及维护编辑标准和报道质量。因此这一技术通常需要记者和编辑与自动化工具协作使用，而不是完全取代人类。随着技术的不断发展，未来机器人新闻写作可能会带来更多创新和改进。

对称密钥加密（Symmetric-Key Algorithm）

对称密钥加密是密码学中的一种加密法，是指加密密钥和解密密钥相同的密码算法，又被称为秘密密钥算法。只要寄件者与收件者知道秘密密钥，他们就可以加密和解密并使用这个资料。

「延伸：这就像你和朋友之间的秘密代码，要发送的消息只有你们两个能看懂，这个秘密代码就是密钥。这样的加密方式叫作"对称密钥加密"，因为你们用同样的密钥来加密和解密信息。」

公开密钥加密（Public-Key Cryptography）

公开密钥加密听起来就像是密码学中的有趣的"派对入场检票"，这种加密方法需要两把钥匙：一把是公开的，另一把是私密的。公钥就像是派对上的门票，用来加密信息；而私钥则是你自己的保密钥匙，专门用来解密。你用公钥加密的消息，只有用相对应的私钥才能解密，得到原来的内容。因为加密和解密需要两把不同的钥匙，所以也叫作非对称密钥加密。

公钥可以像派对邀请一样公开发出去，而私钥就像是你的个人秘密保险箱，必须好好保管。它们就像是一对"密友"，绝对不能向别人泄露，甚至不能告诉你信任的人。

公开密钥加密的技术还延伸出一个很酷的功能：数字签名，利用加密技术在电子文件上盖上了你的"数字印章"，让别人知道这个文件是你亲笔签名的，就像在纸上签名一样可靠。

数字签名（Digital Signature）

数字签名（又称公钥数字签名、电子签名）是一种类似于写在纸上的使用了公开密钥加密技术来鉴别数字信息的签名。在网络上，我们可以使用"数字签名"来进行身份确认。数字签名是一个独一无二的数值,若公钥能通过验证,那我们就能确定对应的公钥的正确性。数字签名兼具双重属性:可确认性及不可否认性(不需要笔迹专家验证)。

「延伸:注意法律上的"电子签名"和这里的"数字签名"意思可不一样,电子签名是指附在电子文件上的标记,用来确认文件的签署者身份和文件的真实性;而数字签名则是通过数学算法或其他技术生成的加密标记。所以,并不是所有的电子签名都是数字签名。」

算法驯化(Algorithm Domestication)

算法驯化听起来像是一场算法与人类的互动游戏,以前我们只关注算法对信息传播和流行度的影响,但现在,算法驯化让我们看到更深层次的问题。通常我们是被动地被算法影响,但随着新媒体技术的涌现,我们开始关注社交媒体平台上的算法是如何影响我们获取信息和互动的。

研究发现,即使是普通社交媒体用户,他们也可以通过分享关于算法的理解来调整他们的内容创作和互动方式,从而影响算法对他们的内容传播。这突显了用户与算法之间的互动,他们不仅是被动接受算法的影响,还可以主动与算法互动，试图理解其中的意义。

「延伸：社交媒体用户通过调整他们的内容创作和互动方式，从而影响算法对他们的内容分发。这种研究有助于平衡数字和技术逻辑在算法领域的主导地位，强调了人类在使用算法时的积极性和主动性。」

非线性（Nonlinear）

非线性是一个用于多个领域的术语，指的是不遵循线性或直接顺序的情况或特性。

在数学和科学中，我们用非线性来描述不是那种简单的比例关系。线性关系就像是一条直线，变量之间的变化是成比例的。但是非线性关系就不一样了，它可能是曲线的、复杂的，或者根本无法预测。

在电子、通信和控制工程里，非线性意味着系统或信号不遵循线性模型的情况。这种"叛逆"的行为会让系统变得复杂而不可预测，需要特别的方法来搞定它们。

在心理学和社会科学中，非线性可以用来描述人类行为或社会系统的复杂情况。想想人类的情感、社会互动、市场经济、政治过程，都可能涉及非线性。

在计算机科学和信息技术领域，非线性指的是不按规律出牌的数据结构或算法。这些东西的性能特征不是那种一目了然的线性,而是要看输入规模或其他复杂因素。

「延伸:在艺术和创意领域,非线性可以用来描述不按常规方式的创作。比如说非线性剧情结构、非线性音乐作品等。这些作品可能会让你在时间里跳来跳去,或者有各种奇怪的情节元素。」

阿尔法围棋(Alphago)

阿尔法围棋(Alphago)是一款由Deepmind(谷歌旗下的人工智能研究公司)研发的计算机程序,2015年,Alphago首次亮相,目标就是要挑战围棋这个超难的游戏。围棋是中国传统棋类游戏,规则看起来挺简单,但是它的复杂性却一直是人工智能领域的难题。以前的计算机程序在围棋中表现一直很弱,因为围棋的战略和直觉太难模拟了。

但Alphago用了深度神经网络和蒙特卡洛树搜索技术,首先它通过大量的围棋对局数据来训练神经网络,学会了估算棋盘局势和预测不同棋步的价值;然后,Alphago用蒙特卡洛树搜索来模拟成千上万次的围棋对局,找出最棒的下一步棋。通过不断自我优化,在2016

年，它居然打败了世界围棋冠军李世石！这场胜利引起了巨大的轰动，因为围棋一直被认为是需要直觉和创造力的游戏，而 Alphago 的胜利则表明了人工智能在某些领域已经超越了人类。

「延伸：花这么大工夫做一个下围棋的程序有什么意义？正是因为它，人们看到了深度学习的实际应用场景与无限可能，这极大地推动了深度学习和神经网络在各种领域的应用，其中包括医疗、自动驾驶、自然语言处理等场景。」

分布式网络（Distributed Networks）

分布式网络就像是一群能够独立完成工作的小伙伴集合成的超级网络小组，这些小伙伴通过通信协议连接在一起，一起合作完成各种任务。比起传统的集中式网络，分布式网络有更高的可扩展性、可靠性和冗余性。在这个网络里，每个节点都是重要的构建块，它可以是电脑、服务器、传感器、手机或者其他网络设备，这就意味着每个节点都有自己的计算和通信能力。这些节点之间通过各种通信协议传输数据和交换信息，就像是它们之间在打电话一样。比如因特网协议（就像是网上的门票）、消息队列协议（就像是信息的邮递员）、点对点通信等。因此便有了分布式计算,它能够把任务切分成小块,然后邀请多个小伙伴一起处理。对于那些需要处理大数据或复杂计算任务的应用程序来说,它可以提高计算效率和性能。理论上它的信息处理能力可大可小,可以灵活组合,只要加入更多小伙伴,网络的容量和性能就会增加,那么适应不断增长的需求就不是问题。

「延伸:因为每个节点都是独立的,所以就算其中一个节点出了问题,其他小伙伴仍然可以继续工作!这种冗余性简直就是网络的"保险箱",能够防止单点故障发生。」

分布式经济(Distributed Economy)

分布式经济正在改变我们社会的运行方式,它的核心思想就是把资源、权力和决策分散到更多的人和地方,这样就能更好地满足大家的需求,同时提高资源利用效率。举个例子,如果你有一辆车,但你偶尔才用。在传统经济里,这辆车可能会闲置很长时间。但在分布式经济中,你可以把它租给其他人,他们只需支付你一小部分费用,就可以在你不需要的时候使用它。这样一来,你不仅能赚点小钱,还能减少汽车制造和资源浪费,所有人的用车成本都降低了。通过共享,大家可以最大化地一起使用资源。典型的分布式经济模式包括共享单车、共享住宿和共享办公空间。这种模式不仅减轻了个人负担，还有助于降低资源消耗，对环境友好。

分布式经济还有一个好处，就是提高社会的包容性。因为它让更多的人参与到经济活动中来，创造了机会，提高了经济公平性。

「延伸：正是因为现代通信、互联网和物联网技术带来信息传播与控制的高度便捷，再包括现在物流行业的高速发展，现代社会中的个性化、差异化的细小需求的市场化才成为可能。这促成了小微企业、家庭和个人碎片化、分布式的生产方式，这便构成了分布式经济。」

比特（BIT）

比特是计算机科学和信息理论中的一个基本单位，代表着最小的数据存储单位。比特就像是计算机世界的开关，有两种状态，通常是用 0 和 1 表示的，就像是二进制的两个数字。每个比特就像是一个小开关，可以打开（1）或关闭（0）。比特是二进制数字的谐音，代表一种逻辑状态，有两种可能的值。这些值通常表示为"1"或"0"，但也广泛使用其他表示法，如"真/假""是/否""开/关"或"+/-"。

通过把好多比特组合在一起,计算机就能处理各种各样的信息,比如文字、图像、音频和视频等。比特就是处理和传输信息的基石,就像是计算机世界的积木一样。

数字化元件(Digital Components)

数字化元件是数字化时代的一种显著特征,它涉及将人类的身体部分或功能以数据形式复制和与物理实体分离,进而能够与其他数字化对象交互。随着新媒体和智能设备的普及,人们的日常生活和身体功能逐渐与数字世界融合。例如,通过健康监测手环,人的身体状态(如心率和活动量)可以被实时跟踪并在数字平台上展示。这种技术的发展不仅增强了人类的能力,使我们在虚拟世界中拥有了更多的自由和功能,同时带来了监控和控制的问题。VR和AR技术进一步深化了这种融合,提供了更加沉浸和真实的虚拟体验。此外,这种技术的发展也推动了人类向赛博格化转变,即人类的身体和行为在数字空间中被模拟和增强。这不仅改变了我们的生活方式,还可能重塑我们对身体和身份的认知。未来,这种数字化元件的进一步发展将继续影响社会结构和人类行为,对科技发展和人类未来产生深远的影响。

算法偏见（Algorithm Bias）

算法偏见是指 AI 系统在其决策过程中体现出对某些群体的不公正或不公平对待，这种问题通常来源于算法的设计、数据收集方法或是数据本身的偏见。这些偏见可能导致社会不平等和加剧歧视现象。例如，如果某个 AI 系统用于筛选求职者，而其训练数据中对某性别或种族存在偏见，这可能导致该系统不公平地筛选候选人。另一个例子是"大数据杀熟"现象，在线平台根据用户的购买历史和浏览习惯来调整价格，对于经常购买某产品的用户，他们可能会看到比新用户更高的价格。这种算法的使用虽然可以提高商业效益，但也引发了对公平和道德的广泛讨论。因此，开发和使用 AI 算法时，必须仔细考虑其潜在的社会影响，确保技术的广泛利益，避免加剧现有的不平等现象。

时空 AI（Spatio-Temporal AI）

时空 AI 就是把 AI 和时空数据（地理信息、地球观测、位置信息等）结合起来，用在各种场景中。这些应用充分利用了 AI 的强大能力来处理、分析和推断有关地理和时间方面的信息，以解决各种复杂问题。

在 GIS 领域，时空 AI 发挥着至关重要的作用。它们能够自动化地处理大量的地理数据,比如地图、卫星图像、遥感数据等。利用 AI 算法,可以进行地图绘制、土地利用分类、道路和建筑物检测、气象数据分析等,从而使得 GIS 系统更加智能和高效。

时空 AI 也对城市规划和交通管理起到了帮助作用。通过分析交通摄像头的数据,AI 可以检测交通拥堵、识别交通事故、规划交通信号灯,甚至提供实时的导航建议,帮助城市规划者和交通管理部门更好地理解和优化交通流量。

此外,时空 AI 还可以用于疫情监测、疾病传播模型和医疗资源分配,帮助决策者更好地理解疾病的时空分布以及采取适当的干预措施,对流行病学研究有重要意义。

深度学习(Deep Learning)

深度学习是一种机器学习的方法,旨在通过模仿人脑神经网络的结构和功能来处理复杂数据和任务。深度学习的核心是人工神经网络,特别是深度神经网络,它由多层神经元(或称为节点)组成,每层都能提取数据的不同特征。深度学习的发展可以追溯到 20 世纪 40 年代的早期神经网络研究,但直到 2006 年,杰弗里·辛顿（Geoffrey Hinton）和他的团队提出了深度置信网络（Deep Belief Networks）的方法，才真正推动了这一领域的迅速发展。他们的方法使得训练深层神经网络成为可能，从而解决了以前的许多技术难题。

深度学习之所以强大，主要因为它能够自动学习和提取数据中的特征，无须人工设计特征提取器。这使得它在处理高维和复杂数据（如图像、语音、文本）方面表现出色。例如，Alphago 使用深度学习技术击败了世界顶尖的围棋选手，展示了其强大的学习和推理能力。深度学习已经在多个领域取得了显著成果，包括图像识别、自然语言处理、语音识别和推荐系统等。

「延伸：举个具体的例子，假设我们要开发一个自动驾驶汽车的系统。深度学习可以帮助车辆识别路上的行人、交通标志和其他车辆。通过训练一个深度神经网络，在其中输入大量的驾驶数据和环境图像，系统能够逐步学习如何在各种道路条件下安全驾驶。」

生命科学作为后盾

意识上传（Mind Uploading）

计算机科学家汉斯·莫拉维克早在1988年出版的《智力后裔：机器人和人类智能的未来》中，就提出了"意识上传"。它又被称为心灵上传或全脑仿真，旨在将人类脑部的所有内容（包括意识、精神、思想和记忆）转移到计算设备上（例如电脑、量子计算机或人工神经网络）。通过这种技术，计算设备可以模拟大脑的功能，包括对外界输入做出相应反应，并拥有一个具有意识的心灵。

意识上传有两种潜在的实现方法。第一种方法是通过对大脑特征的扫描，将其中存储的信息复制或转移到电脑或其他计算设备中。这样的模拟大脑可以与一个模拟的三维身体相连接，并被置入虚拟或模拟现实中，也可以被置入连接着机械身体或生物身体的电脑中。第二种方法是通过逐渐破坏性的上传进行赛博格化的替换，直到原始的有机大脑不再存在，并由模拟大脑的计算机程序来控制身体。

意识上传被认为是计算神经科学和神经信息学的"逻辑终点"，这种未来的技术也是许多科幻作品的核心概念。虽然主流科学界对其可行性持怀疑态度，但相关的实质性研究从未停止，包括动物脑测绘与模拟、更快的超级计算机、虚拟现实、脑机接口、连接组学和动态大脑信息提取方面的研究。

「延伸:我们是否能做到意识上传?根据估计,人脑可利用储存空间约为4万亿吉字节,不仅容量超大,且运算速度超级快,人脑的神经突出能在一瞬间通过电流响应,每个神经细胞上的突触都相当于一块芯片,其速度大约与目前最快的电脑处理器相差9个数量级,按照现在的科技推算,大约还需要100年才有可能实现意识上传。」

增强认知(Cognitive Enhancement)

增强认知是心理学和工程学的交叉领域,吸引了来自人机交互、心理学、人机工程学和神经科学等传统领域的研究人员。这个概念最早由道格拉斯·恩格尔巴特(1997年图灵奖得主)在1962年提出。他定义增强认知为提升个体认知能力的能力,具体指跨学科领域的多种方式,旨在提高人类处理复杂问题的能力,提高对某些领域的理解力,并促进找到解决问题的方法。

在20世纪初,现代增强认知开始出现,并在20世纪90年代得到认知、行为和神经科学的进展支持。功能性磁共振成像(FMIR)和脑电图(EEG)等技术的进步对增强认知技术的发展起到了关键作用，这些技术旨在监测用户的认知能力变化。然而，这些工具目前主要在特定环境中使用，进一步的发展将促进更多的实际应用。

人体冷冻技术（Cryonics）

人体冷冻技术是一个充满挑战和潜力的领域，未来的发展方向仍然不确定。虽然这项技术可能对人类寿命产生深远影响，但目前还需要更多的研究和实验来验证其可行性和安全性。人体冷冻技术自20世纪70年代初崭露头角以来，备受瞩目。"人体冷冻之父"罗伯特·艾丁格博士，于1976年在亚利桑那州斯科茨代尔创立了第一家人体冷冻机构。人们希望冷冻人体在未来某个时候复苏，虽然这个想法在科幻小说中被广泛采用，但它有可能成为现实。这种技术也并非简单的冷冻，因为血液中的水会由于结晶形成冰刺。为了不让细胞受到损伤，科学家还需要创造更多的条件，例如替换血液为特制的防冻液等一系列保护措施，通过这种处理，人从生物学意义上停止了死亡，等待解冻后的更多可能性。美国物理学家詹姆斯·贝德福是世界上第一个被人工冷冻的人，他于1967年1月19日开始被冷冻，这也引发了人体冷冻技术相关的伦理道德问题。

「延伸：现如今人体冷冻技术仍然存在许多争议和挑战，包括如何确保冷冻过程中的安全、如何保证解冻后的生命质量以及如何克服法律和伦理等方面的障碍等。」

神经机器人（Neural Robot）/脑机接口（Brain-Computer Interface）

神经机器人是神经科学和传统机器人技术的交叉产物。它利用人或动物的生物神经系统作为信息接口，实现人或动物与外部设备（如传感器或执行器）的信息交互，从而补偿、增强或拓展某些生理机能。近年来，神经科学的研究不仅限于中枢神经系统，还拓展到了人体与外界环境的交互作用。

人工神经机器人系统并非独立存在，而是依赖于生物体的神经系统、外部设备和环境之间的交互。特别重要的是神经系统与外部设备之间的互动。这需要正确解码神经系统的信息，以控制外部设备的工作状态，并对设备的反馈信息进行神经编码，向神经系统发送信息，形成双向闭环融合。利用中枢神经可塑性的学习机制，将人工神经机器人系统与人体信息系统有机融合，可以通过不断学习和训练提高人体对系统的适应性,从而更有效地发挥系统的功能。

人工神经机器人的应用范围主要涵盖认知、记忆、感知和执行等方面,包括各种神经假体等。这些技术的发展有望为人类带来更多的机会和可能性,但同时需要充分考虑伦理和安全等问题,确保其应用符合人类的共同利益和价值观。

「延伸:关于脑机接口的伦理相关探讨尚不活跃,这主要是因为脑机接口研究的目标是克服多种残疾,给予病人控制外部世界的能力,而不是被动接受外部世界的控制。」

记忆编辑(Memory Editing)

在科幻电影中,消除不良记忆似乎是一种虚构的概念,但如今科学家似乎已经找到了一些方法来改变创伤性记忆。这些方法包括使用药物、物理刺激、生物技术、行为干预等方式加深记忆、删除记忆、记忆整合重组以及修改现实。

某些药物可以影响大脑中的神经递质或化学信号传递,从而影响记忆的形成、存储或回想过程。研究人员发现例如普萘洛尔等药物可以削弱创伤事件相关记忆的重要性，并减少罹患创伤后应激障碍（PTSD）的概率。一些药物可能有助于增强或削弱特定的记忆，或者减轻创伤后应激障碍等症状。

脑电刺激技术，如经颅磁刺激（TMS）或者直接电刺激（TDCS），可以通过对大脑特定区域的电刺激来影响记忆过程。这种方法可能被用于增强学习和记忆能力，或者治疗一些记忆障碍。

光遗传学是一种利用光敏蛋白和光刺激来控制神经元活动的技术。通过光遗传学工具，可以选择性地激活或抑制特定的神经元，从而影响相关的记忆过程。

行为和心理干预，如行为疗法、认知行为疗法等心理治疗方法可能通过改变个体的思维习惯、行为模式和情绪反应来影响记忆。虽然这种方法不能直接编辑记忆，但可以通过调整相关因素来影响记忆的表现。

玛土撒拉点（Methuselarity）/ 长寿逃逸（Longevity Escape）

玛土撒拉是《圣经》中亚当的第七代子孙，据说他活了 969 年，是世上最长寿的人之一。他的名字在希伯来语中有两层意思，一是带着镖矛的男人，二是"他的死亡将带来——"。据《圣经》记载，在他死后的第七天，世界发生了大洪水，因此他的名字也成了长寿的象征。

长寿逃逸指的是在科技高度发达且不断进步的时代，科技克服或预防疾病的能力超过衰老对疾病风险的增加。这意味着一个人活得越久，在这个时代里死亡的风险反而更低（排除意外死亡）。玛土撒拉点是以《圣经》中的玛土撒拉命名的，它表示在这一时刻后，每一年的科技发展都能够克服一个人在这一年的衰老。因此，一个人的寿命的数学期望本质上将会无穷大，尽管实际值与期望值可能存在一定差距。

长寿逃逸和玛土撒拉点的概念仍然是理论上的假设，并且与当前的科技水平和现实相距甚远。虽然我们不能确定何时能够实现数字化永生或备份大脑的技术突破，但随着科技的不断进步，未来可能会有更多的可能性出现。

「延伸：现在人类文明发展对环境的大肆破坏，其实就是在等待一个玛土撒拉点，全人类在等待一种期望，站在此刻向未来招手，希望随着时间推移，全新的技术能够解决之前遗留的问题。」

自溶（Autolysis）

生物学中的自溶，俗称自我消化，指的是细胞因被自己的酶分解而毁灭。它也可以指酶被另一个分子的同样的酶消化的过程。自溶性细胞毁灭在存活的成年有机体中十分罕见，通常发生在受伤细胞和正在死亡的组织。自溶是由细胞溶酶体释放消化酶到细胞质里面开始的。这些酶是因细胞停止活动而被释放出来的，而不是一个主动的过程。换句话说，虽然自溶类似活细胞消化养分的主动过程，死细胞却没有积极地消化自己。如果在细胞的分馏后把细胞器存储在冰冷等张的缓冲液中，单个细胞的细胞器的自溶可以减少。

「延伸：在伤口的治愈过程中，自溶清创术是一个有用的过程，分解和液化死亡的组织，以便这些组织可以被洗掉或被血流携带走，从而保持伤口湿润。」

外骨骼（Exoskeleton）

外骨骼是一种坚硬的外部结构，能够为生物的柔软内部器官提供构型、建筑和保护。一般来说，我们将虾、蟹、昆虫等节肢动物体表坚韧的几丁质骨骼称为外骨骼。外骨骼具有保护和支持内部结构的功能，可以防止体内水分大量蒸发，并具备较强的自我修复能力。此外，外骨骼还可以指软体动物的贝壳以及棘皮动物的石灰质板和棘。

与内骨骼相比，外骨骼的关键区别在于其保护作用。在昆虫和螃蟹等生物中，外骨骼起到盔甲的作用，同时为生物提供框架或结构。以骑士的全金属盔甲为例，它也可以被视为一种外骨骼，因为它提供了硬壳或皮肤，能够在战斗中保护骑士。航天服和深海潜水装备（如JIMM）也可被视为外骨骼，因为它们在极端恶劣的外部条件下帮助人体正常工作。

然而，科学家对外骨骼的研究已经更加广泛。一开始，外骨骼的目的是帮助那些患有多发性硬化症、严重关节炎等疾病的人群克服行动困难。如今，外骨骼更多地与"超级装"或用于增强人体生理机能的系统相关联。它们能够帮助人们举起或携带更重的负荷，跑得更快，跳得更高。在军事领域，外骨骼将帮助战士更好地进行战斗，因为他们可以得到更好的保护，携带更多的武器和装备，并具备比正常人更强的体能。外骨骼可以增强人体的行动能力，减轻负重，通常由金属或碳纤维等材料制成。

基因组学（Genomics）

基因组学是一门交叉生物学学科，是研究生物基因组和如何利用基因的一门学科，试图解决生物、医学和工业领域的重大问题。基因组学能为一些疾病提供新的诊断、治疗方法。例如，一个名为"Oncotype DX"的基因组测试，能用来评估病人乳腺癌复发率以及化疗效果，这有助于医生获得更多的治疗信息并进行个性化医疗。基因组学还被用于食品与农业部门。

基因组学的主要工具和方法包括：生物信息学、遗传分析、基因表达测量和基因功能鉴定。基因组学最早由美国遗传学家托马斯·H. 罗德里克（Thomas H. Roderick）在 1986 年提出，研究的是生物体的所有基因的集体表征、定量研究以及不同基因组之间的比较。

基因组学的发展引发了以发现为基础的研究和系统生物学领域的革命，推动了对最复杂的生物系统的理解，如大脑。基因组学与转录组学、蛋白组学、代谢组学一起构成了系统生物学的组学基础。

试管肉（Artificial Meat）

试管肉也被称为培养肉，是通过在试管中培养动物的单细胞来生产肉类。这些细胞会通过分裂产生成千上万个新细胞，最终形成肌肉组织。几个星期后，就可以得到足量的肉，与市场上的鲜肉没有太大区别，甚至更加安全。这个概念在加拿大作家玛格丽特·阿特伍德的小说《末世男女》中有所提及,小说中的鸡肉块就是用试管肉制成的。

目前,尽管有多个研究计划正在测试这项技术,但初期的生产成本非常高,无法普及。然而,随着生产技术的不断成熟,生产成本也在逐渐降低。

「延伸:举例来说,2012年用试管肉制作一个汉堡包的成本是25万欧元,但据报道,俄罗斯以安格斯牛组织制成的试管肉在2023年投产时,每千克可降至100美元。支持者相信,随着实验进一步成熟和试管肉成本的降低,它有望投入量产并走进人们的日常生活。」

内稳态(Homeostasis)

内稳态,或称为稳态平衡,是指生物体通过复杂的生理反应机制维持其体内环境的相对稳定性。这一概念由法国生理学家克劳德·伯纳德首先提出,并由美国生理学家沃尔特·B. 坎农进一步发展。生物体的内稳态包括但不限于温度调节、pH平衡、血糖水平和血压的调控等。

内稳态是生物控制自身的体内环境使其保持相对稳定,是进化发展过程中形成的一种更进步的机制。具有内稳态的机制的生物借助于内环境的稳定而相对独立于外界条件，这种机制大大提高了生物对生态因子的耐受范围。

「延伸：人体就是通过调节体温、血糖水平和酸碱平衡等多种机制来维持内部环境的稳定。这些调节过程涉及多个器官和系统的协同工作，这是人体能够适应不同的外界环境的重要条件。」

反馈自组织（Feedback Self-Organization）

反馈自组织是指系统通过内部反馈机制，自发地形成有序结构或行为的一种现象。这种自组织现象广泛存在于自然界和人造系统中，如生态系统的平衡、社会群体的行为模式以及经济系统的动态变化。

反馈自组织的概念起源于20世纪，物理学家和系统理论学家如赫尔曼·哈肯（Hermann Haken）和伊利亚·普里高津（Ilya Prigogine）等人通过研究非线性系统和远离平衡态的热力学现象，揭示了自组织的基本机制。普里高津因为在化学反应系统中的自组织现象研究而获得诺贝尔化学奖。

简单来说，反馈自组织是指一个系统通过自身的反馈回路，不依赖外部控制，自发地形成有序状态。例如，在生物系统中，细胞之间通过化学信号相互作用，形成复杂的组织结构;在经济系统中,市场参与者的交易行为通过价格机制反馈,导致市场价格的形成和调整。

反馈自组织的关键在于反馈机制,它可以是正反馈或负反馈。正反馈会放大系统的偏差,导致新的结构或模式形成;负反馈则抑制偏差,使系统趋于稳定和平衡。这些反馈机制共同作用,使得系统能够在复杂环境中自我调节和演化。

反馈自组织在许多领域有重要应用。在生态学中,它解释了生态系统的动态平衡和生物多样性;在社会科学中,它帮助理解社会行为和群体动力学;在工程学中,它用于设计自适应控制系统和分布式网络。

端粒(Telomere)

端粒是染色体末端的特殊结构,由重复的DNA序列和相关蛋白质组成。它们起到了保护染色体不受损伤和防止DNA丢失的作用,就像鞋带末端的塑料头是用来防止鞋带散开一样。每次细胞分裂时,端粒会变短,最终可能导致细胞停止分裂或死亡,这一过程与衰老和疾病密切相关。

端粒的概念最早由美国生物学家赫尔曼·穆勒(Hermann Muller)和芭芭拉·麦克林托克(Barbara

Mcclintock）在 20 世纪 30 年代提出。穆勒和麦克林托克通过研究果蝇和玉米的染色体，发现了端粒的存在，并提出它们在染色体保护中的作用。后来，20世纪70年代，伊丽莎白·布莱克本（Elizabeth Blackburn）、卡罗尔·格雷德（Carol Greider）和杰克·绍斯塔克（Jack Szostak）进一步研究了端粒，并发现了端粒酶——一种能够延长端粒长度的酶。

端粒酶在胚胎发育和某些特定类型的细胞（如干细胞和癌细胞）中非常活跃，这些细胞能够通过端粒酶保持端粒长度，从而无限分裂。然而，大多数体细胞中的端粒酶活性很低，因此随着细胞分裂次数的增加，端粒逐渐缩短，最终导致细胞老化和功能衰退。

「延伸：端粒研究对理解衰老和癌症有重要意义。短端粒与多种老年疾病（如心血管疾病和阿尔茨海默病）相关，而癌细胞通过激活端粒酶来维持其无限增殖能力。科学家希望通过调节端粒和端粒酶，找到延缓衰老和治疗癌症的新方法。」

跨性别（Transgender）

跨性别是指一个人的性别认同与其出生时的生物性别不一致。跨性别人士可能会通过社会、医疗或法律手段来表达和确认其真实性别，包括更改姓名、穿着不同性别的服装、激素治疗和手术等。

跨性别的概念并不是由某一个人发明或提出的，而是随着社会对性别多样性的理解和尊重逐渐发展起来的。在20世纪中期，性别研究和心理学领域逐渐开始关注并研究性别认同问题。性别理论家如朱迪斯·巴特勒（Judith Butler）和医务工作者如哈里·本杰明（Harry Benjamin）等人在性别认同和跨性别医学研究方面做出了重要贡献。

跨性别人士面对的挑战包括社会歧视、心理健康问题和获得医疗服务的困难。然而，随着社会进步和法律保护的增强，越来越多的跨性别人士能够公开表达其真实的性别认同，并在教育、就业和医疗等方面获得平等的机会。

支持跨性别人士的社会组织和倡导团体在提高公众意识、推动法律改革和提供支持服务方面发挥了重要作用。例如，美国的"人权运动基金会"和"跨性别法律中心"等组织致力于争取跨性别人士的权益。

后稀缺（Post-Scarcity）

后稀缺是一种经济学和社会学概念，描述的是一种物质极大丰富的社会状态。在这种状态下,资源、商品和服务的供应量几乎是无限的,以至于不再有资源短缺的问题。这个概念最早由科幻作家和未来学家提出,具体的发明人难以确定,但它与20世纪中期以来的技术进步密切相关。

后稀缺概念的起因可以追溯到对科技进步和自动化的期望。比如,随着3D打印技术、人工智能和自动化生产的发展,人们开始设想一个未来,在这个未来里,基本生活必需品可以通过高度自动化的系统生产出来,不再需要大量的人力劳动。这一思想也受到了对自然资源的优化利用和可再生能源广泛应用的影响。

后稀缺社会的有趣之处在于它改变了我们对财富、工作和生活方式的传统观念。在这样一个社会中,经济不再以稀缺资源的分配为中心,人们可以更加自由地追求个人兴趣和创造性活动,而不是为了生计而工作。这个概念不仅挑战了现有的经济理论,还激发了许多关于未来社会组织方式的新思考。虽然目前我们还远未达到后稀缺状态,但这一概念为我们提供了一个探索和努力的方向,激励我们去创造一个更加富足和自由的未来。

后人类（Posthuman）

后人类是指一种未来人类形态，超越了当前人类的生物和心理限制，通常通过科技手段实现。这一概念的发起人包括哲学家尼克·博斯特罗姆（Nick Bostrom）和科幻作家威廉·吉布森（William Gibson），他们在 20 世纪末和 21 世纪初开始探讨人类通过技术进步实现自身进化的可能性。

后人类概念主要源于对科技迅猛发展的思考，特别是基因工程、人工智能、纳米技术和生物增强技术等领域的突破。这些技术有望大幅度提升人类的智力、体能和寿命，甚至可能实现与机器的深度融合，从而创造出一种超越当前人类能力的新物种。

「延伸：后人类的有趣之处在于它对人类未来的大胆设想和深远影响。想象一下，通过基因编辑，我们可以消除遗传疾病；通过脑机接口，我们可以直接与电脑交互；通过纳米技术，我们可以修复和增强身体机能。这些技术不仅改变了我们对人类自身的理解，也提出了许多伦理和社会问题，如什么是人类身份，如何平等地分配这些新技术的益处等。后人类概念激励我们思考人类的无限可能性，同时提醒我们在追求技术进步的过程中保持谨慎和伦理反思。这个概念不仅是科幻的主题，更是我们对未来人类进化的探索方向。」

量化自我（Quantified Self）

量化自我是一种通过使用科技手段来收集、分析和应用个人生活数据的运动。这个概念由加里·沃尔夫（Gary Wolf）和凯文·凯利（Kevin Kelly）在2007年发起，他们是《连线》杂志的编辑。量化自我源于对个人健康和生活方式的深入理解和优化的需求。

量化自我的核心是通过各种可穿戴设备、智能手机应用和其他技术工具来跟踪和记录我们的日常活动，如步数、心率、睡眠质量、饮食习惯和工作效率等。这些数据可以帮助我们更好地了解自己的身体和行为模式，从而做出更明智的生活和健康决策。例如，通过分析睡眠数据，我们可以找到导致睡眠不好的原因并加以改进；通过跟踪运动数据，我们可以制订更有效的健身计划。

量化自我不仅仅是为了改善健康，它还可以用于提高个人效率和整体生活质量。许多人通过记录和分析自己的时间管理和情绪变化，找到了更好的工作和生活平衡。这项运动的有趣之处在于它结合了科技和自我改善的理念，让我们能够以科学的方式了解自己，并做出数据驱动的改变。量化自我为每个人提供了一种工具，通过自我监测和数据分析来实现更健康、更高效和更幸福的生活。

植入体（Implants）

植入体是一种被植入人体内部的医疗设备或材料，旨在替代、增强或支持身体的功能。植入体的历史可以追溯到古代，但现代意义上的植入体发展迅速，特别是在20世纪中期以后。20世纪60年代，外科医生乔尔·卡普兰（Joel Kaplan）和其他医学先驱在心脏起搏器和人工关节等领域取得了重大突破，奠定了现代植入体技术的基础。

植入体起初主要是为了应对各种疾病和身体功能障碍，通过科学技术来提供有效的治疗方案。随着材料科学和生物技术的进步，植入体变得越来越先进和微小，同时更加耐用和生物相容。植入体不仅在医学领域有广泛应用，还推动了人们对身体和健康的新理解。

植入体的有趣之处在于它们融合了生物学、工程学和医学，为患者提供了新的生命机会和提高生活质量的手段。这些技术的不断进步不仅帮助了无数患者，还激发了关于人体增强和未来生物技术应用的广泛讨论。通过植入体，科学家正在不断拓展人类健康和功能的边界，让未来充满更多可能性。

「延伸：植入体的种类多种多样，包括心脏起搏器、人工关节、牙种植体、人工耳蜗等。这些设备可以帮助恢复或改善患者的健康和生活质量。例如，心脏起搏器通过电刺激来维持心脏的正常跳动；人工关节可以替代受损的关节，使患者恢复活动能力；人工耳蜗则能帮助听力受损的人重新听到声音。」

反熵主义（Anti-Entropy Theory）

反熵主义是一种对抗熵增、维护系统秩序和稳定的理论。熵是热力学中一个重要概念，表示系统的混乱程度。熵增是指系统趋向于无序状态的自然过程，而反熵主义则是探索如何通过各种手段减少熵增、维持或恢复系统的有序状态。

反熵主义的概念源于物理学家对熵的深入研究，特别是路德维希·玻尔兹曼（Ludwig Boltzmann）和克劳修斯（Rudolf Clausius）的贡献。20世纪中期，随着信息论的发展，克劳德·香农提出的信息熵概念进一步推动了反熵主义的形成和应用。信息熵表示信息系统中的不确定性或混乱程度，而反熵主义则关注如何通过信息处理和反馈机制来减少这种不确定性。

反熵主义的有趣之处在于它揭示了自然界和人类社会中普遍存在的秩序与混乱的斗争。它不仅帮助我们理解生命的维持机制和信息系统的优化方法，还提供了应对复杂系统中不确定性和风险的理论基础。通过反熵主义的视角,我们可以更好地设计和管理各种系统,使它们在面对变化和挑战时保持稳定和高效。

「延伸:反熵主义在生物学、生态学、社会学和计算机科学等领域有广泛应用。例如,生物体通过新陈代谢和自我修复机制对抗熵增,保持生命的有序状态;在生态系统中,各种生物通过相互作用维持生态平衡;在信息技术中,数据压缩和纠错编码技术都是反熵主义的实际应用,通过这些技术可以有效减少数据传输和存储过程中的信息丢失和错误。」

人工海马体(Artificial Hippocampus)

人工海马体是一种用来替代或增强大脑中海马体功能的电子设备。海马体是大脑中负责记忆和学习的重要区域,因此人工海马体的研究主要集中在帮助那些因受伤或疾病而失去记忆能力的人。这个概念的发起人包括生物医学工程师西奥多·伯杰(Theodore Berger)等科学家,他们在 20 世纪末和 21 世纪初开始探索这个领域。

人工海马体源于对大脑工作机制的深入理解和对治疗神经损伤的迫切需求。伯杰和他的团队通过研究海马体的神经信号,设计出一种能够模仿这些信号的电子设备。他们的目标是开发一种能够接收、处理和发送与自然海马体相似的信号的装置,从而恢复或增强记忆功能。

人工海马体的有趣之处在于它并非只是一个简单的电子设备,而是通过高度复杂的技术来模仿大脑的生物信号。它可以帮助那些患有阿尔茨海默病、癫痫或其他神经系统疾病的人恢复部分记忆功能,显著提高他们的生活质量。通过植入这种装置,患者有望重新获得一些失去的记忆功能,甚至在未来可能实现记忆的增强。

人工海马体的研究不仅为治疗神经疾病带来了新的希望,还推动了我们对大脑工作原理的理解。随着技术的不断进步,这一领域有望实现更多突破,为人类健康和认知能力的提升开辟新的前景。人工海马体展示了生物医学工程与神经科学结合的巨大潜力,带给我们无限的可能性和希望。

人工生命(Artificial Life)

人工生命是一种通过计算机模拟、生物化学或机械手段创造和研究生命系统的学科。这个概念由美国科学家克里斯托弗·兰顿(Christopher Langton)在20世纪80年代提出。他通过模拟生命过程,研究生命的本质和起源,推动了这一领域的发展。

人工生命起初主要是为了更好地理解生命的基本原理和机制。科学家希望通过创造和研究人工生命,揭示自然界中生命现象的规律,并探索生命起源的可能路径。兰顿的工作引发了广泛的兴趣和研究,涉及生物学、计算机科学、物理学和哲学等多个学科。

人工生命的有趣之处在于它不仅帮助我们理解生命的本质,还为新技术的开发提供了广阔的空间。通过人工生命的研究,人类可以探索创造新型生命形式的可能性,从而在医疗、环保和工业等方面实现创新和突破。人工生命展示了生命科学与工程技术融合的巨大潜力,开启了我们对生命和未来的全新视角。

「延伸:人工生命的研究内容包括计算机模拟的虚拟生物、合成生物学中的人工细胞以及机器人学中的仿生机器人等。这些研究可以帮助科学家理解复杂系统的自组织、自适应和进化过程。例如,通过计算机模拟,可以观察虚拟生物的进化和生态互动,从而获得对自然生态系统的深刻见解;在合成生物学中,科学家可以设计和合成具有特定功能的人工细胞,用于医学和环境保护等领域。」

生物黑客（Biohacking）

生物黑客是一种通过实验和技术手段对自身生物特性进行优化和改进的实践。这个概念在 21 世纪初逐渐兴起，得到了许多科技爱好者和前沿科学家的推动。虽然具体的发明人难以确定，但著名的倡导者包括乔赛亚·塞蔡纳（Josiah Zayner）等生物学家，他以自我实验和生物工程闻名。

生物黑客源于人们对提升自身健康、延长寿命和增强身体能力的强烈兴趣。随着基因编辑技术、可穿戴设备和个性化营养学的发展，越来越多的人开始探索如何利用这些技术来改善自己的身体和大脑功能。生物黑客的实践包括从简单的饮食调整和补充剂使用，到更复杂的基因编辑和植入设备。

生物黑客运动的兴起反映了现代人对自主健康管理和技术创新的渴望。尽管其中一些实验具有争议性和潜在风险，但它们也激发了对人体潜能和未来医学的广泛讨论。通过生物黑客，人们不仅探索了自我改造的可能性，也为科学研究和技术应用提供了新的思路和方向。

「延伸：生物黑客的有趣之处在于它将科学实验带入了日常生活，使得个人可以通过科学手段直接参与到自身健康和能力的提升中。例如，有些生物黑客会使用

CRISPR基因编辑技术来修改自己的DNA,尝试改善体能或治愈遗传疾病;还有一些人通过植入电子设备来增强感官或提高记忆力。这些实践不仅展示了个人对自身生命的掌控,也推动了生物技术在医疗和健康领域的应用。」

分子植物(Molecular Plant)

分子植物是研究植物在分子水平上的生理功能和基因表达的科学领域。这一领域的起源可以追溯到20世纪末期,当时科学家开始利用分子生物学技术深入研究植物的基因和细胞过程。现代分子植物学的奠基者包括一些著名的植物生物学家,如理查德·J.罗伯茨(Richard J. Roberts)和玛丽亚·斯普林格(Maria Springer),他们的工作在理解植物基因功能和调控机制方面做出了重要贡献。

分子植物学起因于对植物生长、发育和环境适应机制的深入理解需求。通过研究植物在分子水平上的基因表达、蛋白质功能和代谢途径,科学家可以揭示植物如何响应环境变化,如光照、温度和病虫害。此外,分子植物学还致力于改良农作物,提升其抗病性、耐旱性和产量,从而满足全球日益增长的粮食需求。

分子植物学的研究内容包括基因编辑、基因表达分析、蛋白质相互作用以及代谢组学等技术。例如，CRISPR-Cas9 基因编辑技术可以精准地修改植物基因，培育出具有优良特性的新品种。通过这些研究，科学家能够开发出更具抗性、更高产的农作物，推动农业的可持续发展。

分子植物学的有趣之处在于它揭示了植物生命的基本机制，使我们能够通过分子层面的操作来改进植物特性。这不仅对农业生产具有重要意义，还为环境保护和生物多样性研究提供了新的工具和方法。通过分子植物学的研究，人类可以更好地利用植物资源，解决粮食安全和环境保护等重大问题，推动社会的可持续发展。

高聚白细胞（High-Density White Blood Cells）

高聚白细胞是一种通过特殊技术处理过的白细胞，具有更高的密度和更强的功能。这种技术的发起人主要是免疫学和血液学领域的科学家，他们在 20 世纪末和 21 世纪初开始探索如何增强白细胞的功能，以便更有效地对抗疾病。

高聚白细胞的研究起因于寻找更有效的免疫治疗方法。白细胞是人体免疫系统的重要组成部分，负责抵抗感染和清除病变细胞。然而，在某些情况下，如癌症和严重感染，人体的自然白细胞数量和功能可能不足以对抗疾病。为了提高治疗效果，科学家开发了高聚白细胞技术，通过体外培养和处理白细胞，使其密度更高、活性更强，然后再将这些强化的白细胞输回患者体内。

这种技术的有趣之处在于它不仅仅是增加白细胞的数量，而且通过科学手段增强其功能。高聚白细胞在治疗癌症、感染和免疫缺陷疾病等方面展示了巨大的潜力。例如，在癌症治疗中，强化的白细胞能够更有效地识别和摧毁肿瘤细胞，从而提高治疗成功率。此外，高聚白细胞还可以用于增强疫苗效果和加速康复过程。

通过高聚白细胞技术，医学界在免疫治疗方面取得了重要进展，为许多患者带来了新的希望。这种创新不仅推动了免疫学的发展，也展示了科学技术在改善人类健康方面的巨大潜力。高聚白细胞技术代表了现代医学对自然免疫机制的深刻理解和应用，开创了更加有效的治疗方法和健康管理新途径。

共栖（Symbiosis）

共栖是指不同物种之间相互依赖、共同生活的关系。这个概念早在19世纪末由德国植物学家海因里希·安东·德贝里（Heinrich Anton de Bary）首次提出，他被认为是共栖研究的奠基人。共栖关系在自然界中广泛存在，涵盖了多种生物相互作用的方式。

共栖关系可以分为几种主要类型：互利共栖（Mutualism）、偏利共栖（Commensalism）和寄生共栖（Parasitism）。

共栖现象的研究主要是为了理解自然界中的复杂互动和生态系统的平衡。科学家通过研究这些关系，揭示了生物多样性和生态稳定性的奥秘。共栖关系不仅在生态学中具有重要意义，也在农业、医学和环境保护等领域应用广泛。例如，利用共栖关系可以改良农作物，增强其抗病性和产量；在医学中，了解人体微生物与健康的共栖关系，有助于开发新的治疗方法和保健品。

共栖的有趣之处在于它展示了自然界中各种生物如何通过合作和竞争共存，从而维持生态系统的动态平衡。通过深入研究共栖关系，我们可以更好地理解和保护地球上的生物多样性，为人类社会的可持续发展提供宝贵的知识和方法。

「延伸：在互利共栖中，双方都从关系中获益，比如蜜蜂与花朵，蜜蜂通过采集花蜜获得食物，而花朵则通过蜜蜂的授粉得以繁殖；偏利共栖是指一方获益而另一方不受损害,例如苔藓长在树干上,苔藓获得了生长空间,而树木则不受影响;寄生共栖则是指一方获益而另一方受损,例如寄生虫在宿主体内生存,寄生虫获得营养,而宿主的健康受到影响。」

植物防御机制(Plant Defense Mechanisms)

植物防御机制是指植物为了保护自己免受病原体、昆虫和其他威胁而发展出的各种防御策略。虽然具体的发明人和发起人难以确定,但这一研究领域的奠基者包括许多植物学家和生态学家,如20世纪初的约翰·库克(John Cook)和20世纪末的彼得·卡伦(Peter Karlen)。

植物防御机制的研究起因于科学家对植物如何生存和适应环境变化的兴趣。植物不能像动物一样逃跑或躲避威胁,因此它们发展出了复杂而多样的防御策略来保护自己。这些防御机制可以分为物理防御和化学防御两大类。此外,植物还具有感知和响应能力,当受到攻击时,它们可以通过信号传导系统启动防御反应。例如,当植物的叶片受到昆虫啃食时,它们可以释放挥发性有机化合物,吸引昆虫的天敌来帮助抵御攻击。

植物防御机制的有趣之处在于它展示了植物在静态

环境中如何通过进化和适应来生存和繁衍。通过研究这些机制，科学家不仅可以更好地理解植物的生物学特性，还能应用这些知识来改良农作物，提高其抗病虫害能力，从而促进农业的可持续发展。这一领域的研究为生物技术、生态学和农业科学提供了丰富的理论和实践基础，展现了自然界的奇妙与智慧。

「延伸：物理防御包括植物表面的刺、毛和厚实的表皮，这些结构可以直接阻止或减少病原体和食草动物的侵害。例如，仙人掌的刺不仅可以防止动物啃食，还能减少水分蒸发。化学防御则涉及植物释放有毒或不适口的化学物质来驱赶或杀死敌人。例如，许多植物会分泌生物碱、萜烯和酚类化合物，这些物质对昆虫和病原体具有强烈的毒性。」

生态孤立（Ecological Isolation）

生态孤立是指同一物种或不同物种由于栖息地、食物资源或行为方式的不同，在自然界中无法相互交配或杂交的现象。这个概念在20世纪初由遗传学家和生态学家查尔斯·V. 卡彭特（Charles V. Carpenter）等人提出，他们通过研究动植物在不同环境中的生存和繁殖模式，揭示了生态孤立的重要性。

生态孤立的研究源于环境的多样性和生物自身的适应性进化。自然界中,物种为了适应不同的栖息环境,逐渐演化出不同的生活习性和生理特征,从而形成了生态孤立。例如,在同一片森林中,不同的鸟类可能选择不同的高度筑巢,导致它们在空间上隔离开来;而在河流两岸,不同的鱼类由于水流速度和食物种类的差异,也会形成生态孤立。

这种现象有助于维持生物多样性,因为生态孤立可以防止物种间的基因混合,保护它们的独特性和适应性。通过生态孤立,物种可以在各自的生态位中繁荣发展,减少竞争,增强生态系统的稳定性和韧性。

生态孤立的研究不仅帮助我们理解物种进化和生态系统的复杂性,还对保护生物多样性和生态环境具有重要意义。例如,在制定保护区规划时,科学家需要考虑生态孤立的因素,以确保不同物种的栖息地不被破坏,从而维持它们的自然隔离状态。

生态孤立展示了自然选择和适应性进化在维持生物多样性中的关键作用。通过了解这种现象,我们可以更好地保护自然界中的各种生物,确保生态系统的健康和可持续发展。

性选择（Sexual Selection）

性选择是达尔文在19世纪提出的一个重要进化理论，解释了为什么一些生物具有看似无用甚至有害的特征。性选择与自然选择不同，它是通过异性间的选择和竞争来驱动的进化机制。达尔文在他的著作《人类的由来及性选择》中详细阐述了这个概念。

性选择分为两种主要形式：配偶选择和竞争选择。配偶选择是指一个性别（通常是雌性）选择拥有特定特征的异性作为配偶。例如，孔雀的华丽尾羽并没有明显的生存优势，反而可能使其更容易被捕食，但雌孔雀偏好这些华丽的尾羽，因此具有这些特征的雄孔雀更有机会繁殖后代。竞争选择则是指同性间为争夺配偶而进行的竞争，通常表现为雄性之间的战斗或展示。例如，鹿角和斗鱼的颜色都是为了在战斗中胜出而进化出来的特征。

性选择的研究起因于科学家试图理解生物多样性的起源和进化机制。达尔文通过观察和记录大量动植物的繁殖行为和特征，提出了这一理论，进一步丰富了进化论的内容。

性选择的有趣之处在于它可以解释许多自然选择无法解释的现象。它展示了进化不仅仅是为了生存，更是为了繁殖成功。在某些情况下，性选择甚至可能与自然选择相冲突，比如雄孔雀的华丽尾羽虽然吸引了雌性，但也增加了被捕食的风险。

通过了解性选择，我们可以更深入地理解自然界中生物的复杂行为和特征进化，看到生物多样性背后的驱动力。这不仅对进化生物学具有重要意义，也让我们更加欣赏自然界的奇妙与美丽。

社交动物行为（Social Animal Behavior）

社交动物行为是指动物通过互动和交流形成复杂社会结构和关系的行为模式。这个领域的研究可以追溯到19世纪末和20世纪初，达尔文和康拉德·洛伦茨（Konrad Lorenz）等科学家对动物行为和进化的深入探讨。

社交动物行为的研究起因于科学家试图理解动物如何通过合作、竞争和沟通来增加生存和繁殖的机会。例如，狼群通过合作狩猎来提高捕猎成功率，蜜蜂通过舞蹈传递食物来源的信息，大象通过触碰和声音维持家庭关系。这些行为展示了动物在群体生活中如何协调行动，分享资源，甚至共同抚养后代。

社交行为不仅仅是简单的互动，它涉及复杂的认知能力和社会学习。科学家发现，一些动物，如灵长类、海豚和乌鸦，能够展示出高度的智力和社交技巧，包括工具使用、解决问题和传递文化信息。通过研究这些动物，科学家不仅了解了它们的社会结构和行为模式，还得以反思人类的社交行为和进化过程。

社交动物行为的有趣之处在于它展示了自然界中多样的社交策略和生存技巧。通过这些行为，动物能够更有效地适应环境，应对威胁，确保种群的延续。这些研究对生物学、生态学和心理学等多个领域都有重要的影响。

海洋生态学（Marine Ecology）

海洋生态学是研究海洋生物及其环境相互关系的科学。这个领域的研究可以追溯到19世纪中叶，奠基人包括爱德华·福布斯（Edward Forbes）等科学家，他们通过对海洋生物的观察和分类，为海洋生态学的发展奠定了基础。

海洋生态学的研究起因于科学家对海洋生物多样性和生态系统复杂性的兴趣。海洋占地球表面积的71%，其中蕴含丰富的生命形式，从微小的浮游生物到巨大的鲸鱼。海洋生态学研究这些生物的生活习性、食物链、繁殖方式，以及它们与环境因素如温度、盐度和光照的关系。例如，珊瑚礁生态系统是海洋生态学研究的重要对象,珊瑚礁不仅提供丰富的生物栖息地,还在全球碳循环中扮演重要角色。

海洋生态学的有趣之处在于它揭示了海洋中的复杂生态网络和惊人的适应能力。通过了解海洋生态学,我们可以更好地保护和管理海洋资源,确保海洋生态系统的可持续发展。这不仅对维持地球生态平衡至关重要,也直接关系到人类的福祉,因为海洋提供了丰富的食物资源和气候调节功能。

「延伸:通过海洋生态学的研究,科学家能够揭示海洋生态系统的运作机制和健康状况,理解人类活动对海洋环境的影响,如过度捕捞、污染和气候变化等。这些研究为海洋保护政策的制定提供了科学依据。例如,建立海洋保护区和限制捕捞量是保护海洋生物多样性和生态平衡的重要措施。」

生态学中的生态位竞争(Niche Competition in Ecology)

生态学中的生态位竞争是指不同物种在同一生态系统中争夺相似资源的现象。这个概念最早由美国生态学家 G. 伊夫林·哈钦森(G. Evelyn Hutchinson)在 20 世纪中期提出。哈钦森通过研究生物与环境的关系,揭示了生态位（即每个物种在生态系统中占据的特定角色和位置）的重要性。

生态位竞争起因于资源的有限性。当不同物种需要相同的资源如食物、水、栖息地时，就会产生竞争。例如，在同一片森林中，几种鸟类可能都以相同的昆虫为食，导致它们之间的竞争加剧。这种竞争会影响物种的分布和数量，有时甚至会导致一个物种被另一个物种排挤出去。

为了减少竞争，物种会通过生态位分化（Niche Differentiation）来适应不同的生态位。这种分化可以表现为时间上的错开，比如夜行性动物和日行性动物，它们避免了直接竞争；也可以表现为空间上的分离，比如树冠层的鸟类与地面层的鸟类，它们利用不同的栖息高度来减少竞争。

生态位竞争的重要性在于它推动了生物多样性和生态系统的稳定。通过竞争和分化，不同物种能够在同一生态系统中共存，形成复杂而稳定的生态网络。这种动态平衡有助于生态系统的健康和持续发展。

岛屿生物地理学（Island Biogeography）

岛屿生物地理学是生物地理学的一个重要分支，研究岛屿上生物种群的分布、形成和演化。这个概念由生态学家罗伯特·麦克阿瑟（Robert Macarthur）和生物学家爱德华·O. 威尔逊（Edward O. Wilson）在20世纪60年代提出，他们的著作《岛屿生物地理学理论》成为这一领域的奠基之作。

岛屿生物地理学的研究起因于科学家观察到岛屿上的生物种类与大陆有显著差异，且这些种类的分布规律似乎与岛屿的面积和距离大陆的远近有关。麦克阿瑟和威尔逊提出，岛屿生物的多样性主要受两个因素影响：新物种迁入率和物种灭绝率。面积较大的岛屿和离大陆较近的岛屿往往拥有更多的物种，因为它们提供了更多的栖息地和资源，同时更容易受到大陆物种的迁入。

他们的理论提出，岛屿上的生物多样性达到一个动态平衡点，即迁入和灭绝的速率相等时，岛屿上的物种数量稳定。这一理论不仅解释了岛屿生态系统的复杂性，还被广泛应用于保护生物多样性和设计自然保护区。例如，理解岛屿生物地理学的原理可以帮助我们设计更有效的保护区，确保不同物种的生存和繁衍。

岛屿生物地理学的有趣之处在于它揭示了隔离环境中生物进化和生态系统的独特动态。通过研究岛屿生物地理学，我们可以更深入地了解生物多样性如何在孤立环境中形成和维持，同时为应对当前的生物多样性危机提供了科学指导。这一理论不仅丰富了我们的生态学知识，还在实际的环境保护和管理中发挥了重要作用。

动植物的冬眠和休眠（Hibernation and Dormancy in Plants and Animals）

动植物的冬眠和休眠是指在寒冷或恶劣环境下，生物体通过降低新陈代谢速率来维持生命的生理状态。这些现象是自然界中常见的生存策略，用以应对资源短缺和不利的气候条件。

冬眠是指一些动物在冬季进入的一种深度休眠状态，以减少能量消耗。比如熊、蝙蝠和一些啮齿动物都会冬眠。在冬眠期间，它们的体温显著降低，心跳和呼吸减慢，以保存能量直到食物供应恢复。冬眠的研究可以追溯到古代，但现代科学对其生理机制的理解主要源自20世纪中期的生物学家的研究。

植物的休眠类似于动物的冬眠，但机制和表现有所不同。植物休眠通常发生在冬季或干旱时期。落叶树木在秋天落叶，进入休眠期，以避免寒冷对嫩芽和叶子的伤害。种子休眠是植物的另一种休眠形式，种子在等待适宜的发芽条件时，维持低代谢状态。19世纪和20世纪初的植物学家对休眠现象进行了大量研究,揭示了植物在不利环境中生存的多种策略。

冬眠和休眠的有趣之处在于它们展示了生命体在极端环境中的适应能力。这些现象不仅帮助动植物度过严冬或干旱,也为科学研究提供了宝贵的模型,帮助我们理解生物代谢、适应性和进化的复杂性。通过研究冬眠和休眠,科学家不仅丰富了对生物学基本过程的认识,还可能找到应用于医学、农业和生态保护的新方法。

激素调节(Hormonal Regulation)

激素调节是指通过激素来控制和调节身体各种生理过程的机制。激素是由内分泌腺分泌的化学物质,尽管它们在体内的含量非常微小,却在调节生长、代谢、情绪和生殖等方面发挥着巨大的作用。

激素调节的研究起源于19世纪末,当时科学家开始注意到某些腺体分泌的物质对身体有特殊的影响。1902年,英国生理学家威廉·贝利斯(William Bayliss)和欧内斯特·斯塔林(Ernest Starling)首次发现并命名"激素"一词,他们通过实验发现胰岛素能调节血糖水平,从而揭开了激素调节研究的序幕。

激素调节的有趣之处在于它的精确性和协调性。尽管激素种类繁多，但它们彼此间协调运作，维持体内的平衡状态。例如，运动时，肾上腺素使心跳加速、血糖升高，为身体提供额外能量；休息时，副交感神经系统释放的激素帮助身体恢复和平衡。

激素调节是一个精细而复杂的生理过程，通过调控各种激素，确保身体的正常运作。它不仅帮助我们理解人体的基本功能，也为治疗各种内分泌疾病提供了科学基础。科学家通过研究激素调节，揭示了许多身体奥秘，推动了医学和生物学的发展。

「延伸：激素调节的原理很简单但非常高效。内分泌腺分泌激素，这些激素通过血液循环到达目标器官或细胞，结合特定受体后，启动一系列生化反应。例如，甲状腺激素调节新陈代谢，胰岛素调节血糖水平，性激素调节生殖和发育。激素调节不是单一的线性过程，而是一个复杂的反馈系统，确保体内环境的稳定。例如，当血糖水平升高时，胰岛素分泌增加，帮助细胞吸收葡萄糖；当血糖水平降低时，胰高血糖素分泌增加，促使肝脏释放葡萄糖。」

社会性昆虫的分工（Division of Labor in Social Insects）

社会性昆虫的分工是指某些昆虫群体内部的个体根据特定的角色和任务进行组织和合作的现象。常见的社会性昆虫包括蚂蚁、蜜蜂和白蚁。它们通过高度组织化的分工合作来维持群体的生存和繁荣。

社会性昆虫的分工现象最早由19世纪的生物学家和博物学家观察并记录。达尔文在《物种起源》中提到了社会性昆虫的复杂社会结构。后来，法国昆虫学家皮埃尔·于贝尔（Pierre Huber）对蚂蚁进行了详细研究，揭示了蚂蚁社会的分工与合作机制。

在这些昆虫群体中，每个个体通常都有特定的职责。例如，在一个蜂群中，蜂王负责产卵，工蜂则负责觅食、筑巢、照顾幼虫和保护蜂巢，雄蜂的主要职责是与蜂王交配。这种分工极大地提高了群体的效率和生存能力。蚂蚁群体也有类似的分工，工蚁负责觅食和巢穴维护，兵蚁负责防卫，蚁后负责繁殖。

这种分工机制通过信息交流和化学信号来实现。蜜蜂通过"摇摆舞"传递食物来源的信息，蚂蚁则通过释放信息素来标记路径和传递警报。这些交流方式确保了群体内的高效合作和任务分配。

社会性昆虫的分工不仅展示了自然界中复杂的合作机制,也启发了许多人类的社会和经济组织模式。通过研究这些昆虫,我们可以更好地理解协作和分工的本质,以及如何在不同环境中优化资源利用和提高效率。

生态免疫学(Ecological Immunology)

生态免疫学是研究生物体的免疫系统在不同生态环境中的功能和演化的一门学科。它探索了环境因素如何影响免疫反应,以及免疫系统如何在进化过程中适应不同的生态压力。这一领域结合了生态学和免疫学的理论和方法,为理解生物体在自然环境中的健康和生存提供了新的视角。

生态免疫学的概念在20世纪末逐渐形成,发起人包括像彼得·T.史密塞斯(Peter T. Smiseth)和肯尼斯·威尔逊(Kenneth Wilson)这样的研究者,他们通过研究野外生物的免疫反应,揭示了环境压力对免疫系统的深远影响。这些研究表明,生物体的免疫功能不仅仅是基因决定的,还受到栖息地、食物资源、寄生虫和病原体等环境因素的显著影响。

生态免疫学的重要性在于它不仅揭示了免疫系统的多样性和适应性,还为疾病控制和野生动物保护提供了科学依据。通过了解环境变化如何影响免疫健康,科学家可以更好地预测和应对气候变化、栖息地破坏等对生物多样性的威胁。

「延伸:例如,生活在贫瘠环境中的动物可能会发展出不同的免疫策略,以节省能量用于其他生存需求;面临大量寄生虫威胁的物种往往会进化出更强的免疫反应,以提高生存率。这些发现帮助我们理解了为什么不同物种甚至同一物种在不同环境下的免疫系统会有所不同。」

遗传多样性与适应性(Genetic Diversity and Adaptation)

遗传多样性与适应性是指一个物种或群体中存在的基因变异,以及这些变异如何帮助物种适应环境变化,从而提高生存和繁殖成功率。遗传多样性越高,某个物种在面对环境变化、疾病或其他压力时,某些个体就越有可能存活下来并繁衍后代,从而维持种群的存续。

遗传多样性的概念可以追溯到达尔文和阿尔弗雷德·拉塞尔·华莱士(Alfred Russel Wallace)在19世纪提出的进化论。达尔文的自然选择理论解释了生物通过遗传变异和适应性来进化的过程。之后,格雷戈尔·孟德尔的遗传学研究揭示了基因在遗传中的重要作用,奠定了现代遗传学的基础。

保护遗传多样性对生态系统的健康和稳定至关重要。随着人类活动导致的栖息地破坏和气候变化,许多物种的遗传多样性正在下降,这使得它们更容易受到疾病和环境变化的威胁。因此,保护自然栖息地、维持生物多样性是确保物种遗传多样性的重要措施。

「延伸:高遗传多样性使得物种能够在不同环境条件下产生适应性变化。例如,某种植物在干旱环境中可能会进化出抗旱基因,而同一物种在湿润环境中可能会进化出抗病基因。这样的多样性确保了无论环境如何变化,总有一部分个体能够存活并继续繁衍。此外,遗传多样性还可以防止近亲繁殖导致的遗传疾病和种群退化。」

生物地理学(Biogeography)

生物地理学是一门研究生物在地理空间上的分布规律及其变化的科学。它关注的是为什么某些物种在某些地区存在,而在其他地区则不存在,以及这种分布是如何随着时间和环境变化而变化的。生物地理学结合了生态学、进化生物学和地理学的理论和方法,帮助我们理解地球上的生物多样性。

生物地理学的起源可以追溯到 18 世纪的博物学家，但它在 19 世纪达到了新的高度。英国博物学家阿尔弗雷德·华莱士被认为是生物地理学的奠基人之一。他通过对东南亚群岛动植物的详细研究，提出了"华莱士线"这一重要概念，揭示了不同区域之间显著的生物差异。华莱士的研究不仅帮助他和达尔文共同提出了自然选择的进化理论，也奠定了生物地理学的基础。

生物地理学的研究领域包括大陆漂移、气候变化和地形变化如何影响生物的分布。比如，冰河时期的气候变化导致了许多物种的迁徙和灭绝，而大陆漂移则解释了为什么南美洲和非洲的某些动物群体如此相似。这些研究揭示了地球历史上大规模地理和环境变化对生物多样性的深远影响。

此外，岛屿生物地理学是一个特别重要的分支。达尔文在加拉帕戈斯群岛上的观察发现，不同岛屿上的雀鸟因环境差异而进化出不同的特征，这为他的进化论提供了关键证据。岛屿生物地理学研究还揭示了孤立环境对物种进化和分化的独特影响。

免疫记忆(Immunological Memory)

免疫记忆是指免疫系统在第一次遇到病原体后,能够记住该病原体,并在再次遭遇时快速而有效地进行响应的能力。这一机制是人体抵御疾病的重要防线,也是疫苗发挥作用的基础。

免疫记忆的研究可以追溯到18世纪末,当时英国医生爱德华·詹纳(Edward Jenner)发现接种牛痘病毒可以预防天花。詹纳的实验表明,接触病原体后的免疫系统能"记住"病原体,并在未来的感染中提供保护。这个发现奠定了现代疫苗学的基础,也揭示了免疫记忆的原理。

免疫记忆的核心在于特异性免疫反应。首次感染病原体时,身体的免疫系统会产生专门针对该病原体的抗体和记忆性T细胞。记忆性B细胞和T细胞能够在体内长期存活,并在再次暴露于同一病原体时迅速增殖和激活,快速清除病原体。这种快速反应不仅能够有效预防疾病的发生,还能减轻症状的严重程度。

通过理解免疫记忆,科学家可以设计更有效的疫苗和免疫疗法,增强人体对抗疾病的能力。这一研究领域不仅对传染病的预防和控制至关重要,还为自身免疫疾病和癌症的治疗提供了新的思路。总的来说,免疫记忆是免疫系统中一项关键而神奇的功能,确保我们在面对反复感染时能够保持强大的防御力。

「延伸:免疫记忆的有趣之处在于其持久性和特异性。例如,一些疫苗能够提供终身免疫,如麻疹疫苗,而其他疫苗可能需要定期接种加强针以维持免疫力。这种差异反映了不同病原体和疫苗的特性,以及免疫系统的复杂性。」

遗传流(Gene Flow)

遗传流是指不同群体之间基因交换的过程,这种交换可以通过个体迁移和繁殖实现。遗传流在维持和增加群体的遗传多样性方面起着关键作用,也能防止物种间的过度分化。这个概念源自现代进化生物学,尽管具体的发明人难以确定,但其研究起源可以追溯到20世纪早期的遗传学和进化论研究。

遗传流的发生通常伴随着个体的迁移。例如,当某个物种的一部分个体迁移到新的地区并与当地群体交配时,它们的基因会被引入当地基因库中。这种基因交换可以增加新地区群体的遗传多样性,提高其适应环境变化的能力。相反,如果某一群体长期与其他群体隔离,缺乏基因流动,可能会导致近亲繁殖,降低遗传多样性,增加遗传疾病的风险。

遗传流的有趣之处在于它如何塑造物种的进化。通过基因流动，适应性特征可以在不同群体间传播，加速自然选择过程。例如，抗病基因的传播可以提高整个物种的生存率。

遗传流是生物进化和适应环境的重要机制。理解这一过程有助于我们更好地保护生物多样性，管理野生动物种群，并理解人类遗传学和疾病的传播。遗传流展示了自然界中基因的动态变化及其对物种生存和进化的深远影响。

「延伸：一个经典的例子是野生动物保护中的基因流动问题。在隔离的野生动物保护区中，缺乏基因流动可能会导致保护区内动物的遗传多样性下降。因此，保护生物学家通常会采取措施，如引入新个体，来促进基因流动，增强种群的生存能力。」

捕食 - 被捕食者关系（Predator-Prey Relationship）

捕食 - 被捕食者关系是生态学中的一个重要概念，描述了捕食者和被捕食者之间的动态互动。这个关系的研究最早可以追溯到19世纪，但真正系统地提出这一概念的是意大利数学家维托·沃尔泰拉（Vito Volterra）和美国生物学家阿尔弗雷德·J. 洛特卡（Alfred J. Lotka）。沃尔泰拉在1926年通过数学模型描述了鱼类和鲨鱼之间的关系，而洛特卡则在1925年通过研究化学反应中的捕食－被捕食者模型进一步发展了这一理论。

捕食－被捕食者关系的核心在于，捕食者（如狮子）依靠捕食被捕食者（如羚羊）来获取食物，而被捕食者的数量又影响捕食者的数量。当被捕食者数量增加时，捕食者的食物来源充足，其数量也会随之增加。但捕食者数量的增加会导致被捕食者数量的减少，从而引发捕食者数量的减少。这种关系形成了动态的循环，称为"捕食－被捕食者循环"。

捕食－被捕食者关系不仅在自然界中十分普遍，还在农业和生态保护中有着重要应用。例如，通过引入捕食性昆虫来控制害虫数量，是一种绿色环保的害虫治理方法。因此，捕食－被捕食者关系不仅揭示了自然界的规律，还对人类社会产生了深远影响。

「延伸：一个有趣的例子是加拿大的雪鞋兔和猞猁的关系。在雪鞋兔数量增加时，猞猁的数量也会增加，因为有更多的食物来源。然而，随着猞猁数量的增加，雪鞋兔的数量会减少，又会导致猞猁数量的减少。这种周期性变化可以通过洛特卡-沃尔泰拉方程来描述。」

复杂生态系统（Complex Ecosystem）

复杂生态系统是指由多种生物和非生物因素相互作用形成的动态网络。这一概念在 20 世纪 60 年代逐渐被生态学家广泛接受，其中美国生态学家霍华德·T. 奥德姆（Howard T. Odum）和加拿大生态学家罗伯特·梅（Robert May）是这一领域的重要先驱。奥德姆在生态能量流和生态建模方面做出了开创性的工作，而梅则通过数学模型研究了生态系统的稳定性。

复杂生态系统的研究起因于对自然界中各种生物如何相互影响以及如何共同维持生态平衡的好奇心。例如，一片森林不仅包括树木、鸟类、昆虫等生物，还包括阳光、水、土壤等非生物因素。这些因素之间通过食物链、养分循环等途径相互联系，形成一个复杂的网络。一种生物数量发生变化时，会通过这个网络影响到其他生物，甚至引发连锁反应。

理解复杂生态系统对于我们保护环境和维持生态平衡至关重要。比如，在农业中，通过保护和利用自然敌人来控制害虫，可以减少化学农药的使用，达到可持续发展的目标。因此，复杂生态系统不仅揭示了自然界的奥秘，还为我们提供了宝贵的生态保护和资源管理经验。

「延伸：有趣的是，复杂生态系统往往具有很强的自我调节能力。例如，当某种植物由于气候变化减少时，依赖这种植物的昆虫可能会转而寻找其他食物来源，从而保持自身种群的稳定。同时，捕食这些昆虫的鸟类也会调整自己的捕食策略，维持整个生态系统的平衡。」

人类基因组计划（Human Genome Project）

人类基因组计划（HGP）是20世纪末最重要的科学项目之一，旨在解读人类基因组的全部DNA序列。这一项目的发起者包括美国能源部和美国国家卫生研究院，由科学家詹姆斯·沃森（James Watson）和弗朗西斯·柯林斯（Francis Collins）领导。项目于1990年正式启动，并在2003年（提前两年）完成。

人类基因组计划的目标是测定人类基因组中大约30亿个DNA碱基对的序列，并识别其中的所有基因，预计大约有2.5万个基因。这个庞大的项目不仅需要先进的测序技术，还需要全球各国科学家的协作。

人类基因组计划的完成标志着生物学和医学领域的巨大飞跃。通过这项计划，科学家不仅获得了人类基因组的完整图谱,还推动了基因组学、分子生物学和生物信息学的发展。更重要的是,HGP为疾病的研究和治疗开辟了新的途径。例如,许多遗传疾病的致病基因得以定位和识别,从而促进了基因诊断和基因治疗的发展。

这个项目的完成还揭示了人类基因组中很多有趣的现象,例如,人类基因组中只有约1.5%的DNA编码蛋白质,其余的大部分DNA功能尚不完全明确,常被称为"暗物质"或"垃圾DNA"。

生态位(Niche)

生态位是生态学中的一个重要概念,用来描述一种生物在其生态系统中的角色和功能。这个概念最早由英国生态学家查尔斯·埃尔顿(Charles Elton)在1927年提出,用来解释不同物种如何在生态系统中共存和分工。

简单来说,生态位包括某个物种的生活方式、食物来源、栖息地、活动时间以及与其他物种的互动关系。例如,草原上的狮子的生态位包括捕猎草食动物、占据特定的领地以及与其他捕食者和竞争者的关系。而草原上的蚂蚁则有着完全不同的生态位,它们可能以植物的种子为食,并在地下筑巢,起到土壤通气和肥力增加的作用。

生态位的概念帮助我们理解了自然界中物种多样性的重要性和稳定性。每个物种都有自己独特的生态位,通过资源分配和生态位分化,避免了直接竞争,促进了生态系统的平衡和稳定。例如,在一片森林中,不同鸟类可能在不同高度的树枝上筑巢,吃不同种类的昆虫,从而各自占据不同的生态位,和谐共存。

生态位也解释了物种在面临环境变化时的响应和适应能力。当环境条件发生变化时,一些物种可能会调整自己的生态位以适应新的环境,而那些无法适应的物种可能会灭绝。因此,了解生态位对于生态保护和物种管理至关重要。

生态系统服务(Ecosystem Services)

生态系统服务是指自然生态系统及其提供的各种有益于人类的功能和效益。这个概念最早由美国生态学家罗伯特·科斯坦萨(Robert Costanza)等人在 1997 年提出,并逐渐被广泛接受和应用。

生态系统服务可以分为四大类:供给服务、调节服务、文化服务和支持服务。供给服务是指生态系统直接提供的资源,如食物、水、木材和药材;调节服务是指生态系统调节环境条件的功能,如空气质量调节、气候调节、水净化和防洪;文化服务是指生态系统为人类提供的非物质益处,如休闲娱乐、美学享受、文化遗产和精神价值;支持服务是维持其他服务所必需的基础过程,如土壤形成、光合作用和养分循环。

举例来说,森林生态系统提供了多种供给服务,如木材和水果;调节服务,如二氧化碳吸收和氧气释放;文化服务,如森林公园中的旅游和娱乐;以及支持服务,如土壤肥力和生物多样性维持。同样,湿地生态系统通过过滤污染物净化水质,提供栖息地保护生物多样性,并为鸟类观赏等文化活动提供场所。

理解和重视生态系统服务对于可持续发展和生态保护至关重要。随着人类活动对自然环境的影响日益加剧,生态系统服务的价值日益凸显。例如,城市绿地不仅美化环境,还可以降低热岛效应,改善空气质量,提供居民休闲空间。因此,在城市规划和政策制定中,保护和恢复生态系统服务变得尤为重要。

化石记录(Fossil Record)

化石记录是指地球历史上生物体的遗骸或痕迹在地质层中保存下来的证据。这些化石为科学家提供了了解地球上生命演化过程的宝贵信息。化石记录的研究始于 18 世纪，随着地质学的发展而逐渐完善。著名的古生物学家查尔斯·莱尔（Charles Lyell）和达尔文在这一领域做出了重要贡献。

化石记录包括各种形式的生物遗迹，如骨骼、牙齿、贝壳、叶片印痕以及足迹等。这些化石通过岩石层的沉积和保存，为科学家提供了生物在不同地质时期的分布和演化的线索。化石的形成需要特定的条件，通常是在生物死后迅速被泥沙覆盖，并在高压和缺氧环境下逐渐石化。

化石记录的重要性在于，它为了解生命的起源和演化提供了直接的证据。例如，通过研究恐龙化石，科学家可以重建这些古代巨兽的形态、行为和生存环境。同时，化石记录还揭示了生命演化过程中的重大事件，如寒武纪生命大爆发和恐龙灭绝事件。这些事件为我们理解地球生物多样性和生态系统的演变提供了关键线索。

化石记录还帮助我们了解古代气候变化和地质活动对生命的影响。例如，通过研究植物化石，科学家可以推测出古代气候条件和环境变化，这对于研究当前的气候变化具有重要参考价值。

然而，化石记录也存在不完整性的问题。由于化石形成需要特定条件，很多生物遗体未能保存下来。此外，地质活动如火山爆发和地震等也可能破坏已有的化石记录。因此，科学家需要通过综合分析现有化石和地质数据，来重建更加全面的地球生命史。

克隆生殖（Cloning Reproduction）

克隆生殖是指通过非性生殖方式复制出与原个体在基因上完全相同的个体。这一技术的概念和实践始于20世纪，最著名的例子是1996年诞生的克隆羊"多利"（Dolly），它是由苏格兰科学家伊恩·威尔穆特（Ian Wilmut）和凯斯·坎贝尔（Keith Campbell）领导的团队通过体细胞核移植技术创造的。

克隆生殖的核心技术是体细胞核移植。该过程首先提取一个成熟体细胞的细胞核，然后将其植入一个已去除细胞核的卵细胞中。这个重组后的卵细胞在实验室条件下发育成胚胎，随后被植入代孕母体中，最终发育成一个与供体基因完全相同的个体。

然而，克隆生殖也面临许多伦理和技术挑战。首先，克隆动物往往面临高失败率和健康问题，如免疫系统缺陷和早衰。此外，克隆技术在伦理上也引发了广泛争议，尤其是涉及人类克隆时，关于个体权利和道德的讨论更为激烈。

「延伸：克隆生殖技术的成功为生物学和医学领域带来了许多重要应用。例如，科学家可以通过克隆技术复制实验动物，以研究疾病机制和开发新药。此外，克隆技术在保护濒危物种方面也展现了潜力，通过复制稀有个体来增加种群数量。」

免疫系统（Immune System）

免疫系统是生物体内一套复杂的防御机制，用于抵御病原体如病毒、细菌和寄生虫的侵袭。它是维持健康的重要组成部分，能够识别和消灭外来入侵者，同时能清除体内的异常细胞，如癌细胞。

免疫系统由许多细胞和分子组成，主要包括白细胞（如淋巴细胞和巨噬细胞）、抗体和补体系统。根据其作用方式，免疫系统可以分为先天性免疫和适应性免疫。

先天性免疫是生物体的第一道防线，能够快速响应并攻击入侵病原体。它包括皮肤和黏膜等物理屏障，以及巨噬细胞和中性粒细胞等能够吞噬和消灭病原体的细胞。这种免疫反应是非特异性的，对所有外来物质都会做出类似的反应。

适应性免疫是免疫系统的第二道防线，具有高度特异性和记忆性。淋巴细胞（包括 T 细胞和 B 细胞）是适应性免疫的核心。B 细胞能够产生抗体，中和或标记病原体，便于其他免疫细胞识别和清除。T 细胞则能直接攻击被感染的细胞或调节其他免疫细胞的活动。适应性免疫能够记住曾经遇到的病原体，在再次感染时迅速做出更强烈的反应，这就是疫苗起作用的原理。

免疫系统是保护生物体免受病原体侵害的复杂而高效的防御体系。通过深入研究免疫系统的工作原理，科学家可以开发出更有效的疫苗和治疗方法，以应对各种传染病和免疫相关疾病。

「延伸：免疫系统的正常功能对于维持健康至关重要，但它也可能出现问题。例如，自身免疫疾病是指免疫系统错误地攻击自身组织，如类风湿性关节炎和红斑狼疮。而免疫缺陷疾病则是免疫系统无法正常运作，导致个体易感于各种感染，如艾滋病。」

生态学中的能量流（Energy Flow in Ecology）

生态学中的能量流是指能量在生态系统中从一个生物体传递到另一个生物体的过程。能量流的概念最早由生态学家雷蒙德·林德曼（Raymond Lindeman）在 20 世纪 40 年代提出，他是研究生态系统结构和功能的先驱。

能量流从生产者开始,通常是绿色植物或藻类,它们通过光合作用将太阳能转化为化学能,形成有机物。这些有机物被初级消费者(如草食动物)摄入,初级消费者又被次级消费者(如肉食动物)捕食,形成一个能量传递的食物链。每个能量传递的环节称为一个营养级。

在能量流过程中,有一部分能量会以热量的形式散失,这意味着每个营养级获得的能量都比前一个营养级少。通常,只有约 10% 的能量能够从一个营养级传递到下一个,这被称为"十分之一定律"。

能量流的概念帮助我们理解生态系统的运作和结构,揭示了为什么高层捕食者数量较少,以及为何生态系统中的能量效率如此重要。这一理论不仅在科学研究中具有重要意义,还在环境保护和资源管理中发挥着关键作用,通过理解能量流,我们可以更好地保护生态系统的平衡和健康。

分子进化(Molecular Evolution)

分子进化是指在分子水平上研究生物体的遗传物质(如 DNA、RNA 和蛋白质)随时间变化的过程。这一概念的提出和发展主要归功于20世纪60年代的几位科学家,其中最著名的是美国生物学家莱纳斯·鲍林(Linus Pauling)和埃米尔·祖克坎德尔(Emile Zuckerkandl)。他们通过对血红蛋白蛋白质序列的研究,首次提出了分子进化的概念。

分子进化的核心思想是,通过比较不同物种的DNA或蛋白质序列,可以揭示这些物种之间的进化关系和时间跨度。这些分子序列的变异通常是由突变、重组和选择等进化机制引起的。由于分子数据提供了更精确的进化证据,科学家能够更好地理解生物的进化历史。例如,通过分析基因序列的差异,可以确定人类和其他灵长类动物的共同祖先出现的时间。

分子进化研究的重要性不仅在于它帮助我们揭示生命的历史,还在于它为生物技术、医学和环境科学等领域提供了宝贵的工具和方法。通过了解疾病相关基因的进化历史,科学家可以开发出更有效的治疗方法和药物。分子进化的研究也帮助我们理解抗生素抗药性的发展过程,从而更好地应对公共健康挑战。

生物多样性热点(Biodiversity Hotspots)

生物多样性热点是指地球上生物多样性极其丰富

且面临严重威胁的地区。这个概念由英国环境科学家诺曼·迈尔斯（Norman Myers）于1988年首次提出。他指出，全球生物多样性主要集中在一些特定区域，这些区域虽然面积不大，却拥有大量的特有物种，同时面临着高度的生态威胁。

生物多样性热点的识别标准主要有两个：一是该地区必须拥有至少1500种特有的维管植物（即这些植物只生长在该区域）；二是该地区原始植被的丧失程度必须达到70%或以上。目前全球共划定了36个生物多样性热点，这些热点区域仅占地球表面积的2.3%，却包含地球上超过50%的植物物种和42%的陆生脊椎动物物种。

生物多样性热点的例子包括亚马孙雨林、马达加斯加岛、东喜马拉雅地区和地中海盆地。这些地区不仅物种丰富，还承载着复杂的生态系统，提供了重要的生态服务，如气候调节、水源保护和土壤肥力维护。然而，由于人类活动的影响，如森林砍伐、城市扩张、农业开发和气候变化，这些热点区域的生态系统正面临着前所未有的压力。

保护生物多样性热点对于全球生物多样性的保护具有关键意义。通过保护这些区域，我们不仅能保留大量独特的物种，还能维护重要的生态功能，从而确保生态系统的稳定和人类的可持续发展。生物多样性热点的概念促使各国政府、非政府组织和国际社会加大对这些关键区域的保护力度，采取一系列保护措施，如建立自然保护区、恢复退化生态系统和推广可持续的土地利用方式。

自然选择（Natural Selection）

自然选择是生物学家达尔文在19世纪提出的一个核心概念，用于解释物种如何随着时间而变化和进化。达尔文在1859年出版的《物种起源》一书中详细阐述了这一理论。

自然选择的基本原理是：在自然环境中，个体之间存在变异，这些变异可以影响个体的生存和繁殖能力。例如，有些变异可能使个体更适应其环境，从而更有可能生存并繁殖后代。这些有利的变异会通过遗传传递给下一代，逐渐在种群中积累，导致物种的进化；另一方面，不利的变异则可能导致个体在生存竞争中失败，减少其繁殖机会，这些变异就会逐渐被淘汰。

自然选择的过程可以通过四个关键要素来理解：变异、遗传、选择和适应。首先，生物个体在遗传上有一定的差异，这些差异通常是由基因突变和基因重组引起的。其次，这些变异是可以遗传的，即父母的特征可以传给子女。再次，在自然环境中，资源是有限的，因此生物个体之间会产生生存竞争。在这种竞争中，具有有利变异的个体更有可能生存和繁殖。最后，随着时间的推移，种群会逐渐适应其环境，这种适应是通过自然选择过程实现的。

自然选择的概念不仅解释了物种的进化过程，还揭示了生物多样性的来源和生物与环境之间的相互关系。达尔文的自然选择理论为现代生物学奠定了基础，促使科学家进一步研究基因、生态系统和物种进化的复杂性，从而极大地促进了我们对生命的理解。

遗传漂变（Genetic Drift）

遗传漂变是指在小种群中，由随机事件导致的基因频率变化，这种变化并非由于自然选择，而是由偶然性引起的。这个概念由生物学家西沃尔·赖特（Sewall Wright）在20世纪30年代提出。

遗传漂变的基本原理是，在一个有限大小的种群中，每一代个体的基因频率都会受到随机因素的影响。例如，由于某些个体在繁殖过程中的偶然死亡，或者某些个体偶然生育了更多的后代，特定基因的频率可能会发生变化。随着时间的推移，这些随机变化会累积，可能导致基因频率显著偏离其原始状态，甚至可能导致某些等位基因完全消失或在种群中固定。

遗传漂变的效果在小种群中尤为明显，因为每一代的基因频率变化在小种群中更为剧烈。在大种群中，随机事件对基因频率的影响较小，因此自然选择和其他进化机制占主导地位。然而，在小种群中，遗传漂变可以导致显著的进化变化。

遗传漂变有几个重要的结果和影响。首先，它可以减少种群的遗传多样性，因为某些等位基因可能完全消失。其次，它可能导致遗传瓶颈效应和创始者效应：遗传瓶颈效应发生在种群数量骤减时，幸存个体的基因库大大缩小；创始者效应发生在少数个体迁移并建立新种群时，新种群的基因库可能与原始种群显著不同。

共生进化（Coevolution）

共生进化是指不同物种之间通过长期相互影响而共同进化的过程。这个概念在 20 世纪中期由保罗·埃尔利希（Paul Ehrlich）和彼得·雷文（Peter Raven）在他们对蝴蝶和植物的研究中首次提出。

共生进化的核心思想是，不同物种之间的相互作用会导致双方产生进化上的适应。例如，植物和授粉昆虫之间的关系就是共生进化的一个经典案例。植物会进化出特定的花形、颜色和气味，以吸引特定的昆虫进行授粉。而这些昆虫则可能进化出特定的身体结构和行为，以便更有效地采集花蜜。这种相互适应的过程使得双方都能从中受益，并共同进化。

共生进化不仅限于互利共生，还包括捕食者与猎物之间的关系、寄生与宿主的关系等。在捕食者与猎物之间，猎物可能会进化出更好的逃避机制，而捕食者则会进化出更有效的捕猎策略。类似地，寄生虫可能会进化出更有效的感染手段，而宿主则会进化出更强的免疫反应。

共生进化的重要性在于它揭示了物种间相互关系的复杂性和动态性。通过共生进化的研究，科学家能够更好地理解生态系统的平衡和生物多样性的维持。共生进化不仅在生态学和进化生物学中具有重要意义，还对农业、生物控制和环境保护等领域具有广泛的应用价值。

保罗·埃尔利希和彼得·雷文的研究开创了共生进化的理论，为我们理解自然界中复杂的生物互动和进化过程提供了宝贵的视角。通过这种视角，我们可以看到，不同物种间的关系不仅仅是竞争或合作，而且是通过长期的相互影响,共同塑造彼此的进化历程。

「延伸:一个著名的共生进化例子是牛奶草和帝王蝶之间的关系。牛奶草含有毒素,可以抵御大多数食草动物。然而,帝王蝶的幼虫已经进化出能够耐受这些毒素的能力,并利用这些毒素作为防御手段,使其本身也变得有毒,避免被捕食者攻击。」

基因表达调控(Gene Expression Regulation)

基因表达调控是指细胞控制基因何时、何地以及如何被表达的过程。这一调控机制对于生物体的正常发育、功能和应对环境变化至关重要。基因表达调控的研究涉及多个层次,包括转录、翻译以及翻译后的修饰。

在转录层面,基因表达调控主要由启动子区域、增强子和转录因子等组成。启动子区域是基因上游的一段DNA序列,转录因子可以结合到启动子上,促进或抑制RNA聚合酶对基因的转录。增强子则是位于基因远处的DNA序列,通过形成DNA环与启动子相互作用,进一步调控基因的转录水平。

在翻译层面,基因表达调控通过mRNA的稳定性、mRNA的翻译效率和核糖体的选择性等方式进行。微小RNA和小干扰RNA等非编码RNA分子可以与特定的

mRNA结合，导致mRNA降解或抑制其翻译，从而调控基因表达。

翻译后的调控则涉及蛋白质的修饰和降解。例如，磷酸化、乙酰化和泛素化等化学修饰可以改变蛋白质的功能、活性和定位。此外，蛋白质的降解也通过细胞内的蛋白酶体系统进行严格控制，以确保蛋白质在合适的时间和地点发挥作用。

理解基因表达调控机制不仅有助于揭示生命活动的基本规律，还为医学、农业和生物技术的发展提供了重要的理论基础。通过调控基因表达，科学家可以开发新的治疗方法、培育优良作物品种以及改进生物技术产品，从而造福人类社会。

「延伸：基因表达调控在生物体的各个方面都起着关键作用。例如，在发育过程中，不同基因在不同时间和空间的表达决定了细胞的分化和器官的形成；在免疫反应中，基因表达调控确保免疫细胞能够迅速应对病原体的入侵；在癌症等疾病中，基因表达调控的异常可能导致细胞增殖失控和肿瘤的形成。」

细胞自噬（Autophagy）

细胞自噬是细胞在营养缺乏、压力或损伤等不利条件下，通过降解自身部分内容物以维持生存和功能的一种过程。这个过程最早由比利时科学家克里斯蒂安·德·杜夫（Christian de Duve）在 20 世纪 60 年代发现，并由日本科学家大隅良典（Yoshinori Ohsumi）进一步深入研究，后者因此在 2016 年获得了诺贝尔生理学或医学奖。

细胞自噬的基本过程包括 3 个主要步骤：隔离膜的形成、双层膜自噬体的形成、自噬体与溶酶体的融合。首先，细胞膜的一部分会包裹住需要降解的细胞成分，形成一个隔离膜；其次，隔离膜不断延伸，最终形成一个双层膜的自噬体；最后，自噬体与含有降解酶的溶酶体融合，形成自噬溶酶体，其中的酶会分解自噬体内的内容物，释放出来的分子则被细胞重新利用。

细胞自噬在维持细胞内环境的平衡、清除受损细胞器和蛋白质，以及应对外界压力方面具有重要作用。例如，当细胞受到营养缺乏时，自噬可以分解细胞内的部分物质，以提供必要的营养和能量；在细胞器受损时，自噬能及时清除这些受损部分，防止其对细胞造成进一步的伤害。

此外，细胞自噬在许多疾病的发生和发展中也扮演着重要角色。异常的自噬过程可能导致神经退行性疾病，如阿尔茨海默病和帕金森病，因为这些疾病中错误折叠的蛋白质和受损的细胞器不能被有效清除。另一方面，某些类型的癌细胞可能通过增加自噬活性来抵抗化疗和放疗，因此，调控自噬过程成为癌症治疗的一个潜在策略。

神经可塑性（Neuroplasticity）

神经可塑性，又称脑可塑性，是指大脑在结构和功能上能够随着经验、学习和环境变化而发生改变的能力。这一概念由神经科学家保罗·巴赫-里塔（Paul Bach-y-Rita）和迈克尔·梅尔泽尼希（Michael Merzenich）等人在20世纪后期推广。

神经可塑性包括两种主要形式：功能性可塑性和结构性可塑性。功能性可塑性是指大脑在现有神经网络中重新分配功能，例如，当大脑某一部分受损时，其他部分可以重新组织并承担受损部分的功能。结构性可塑性则是指大脑在神经元之间形成新的连接或改变现有连接的能力，通常发生在学习新技能或记忆形成过程中。

神经可塑性在多个方面具有重要意义。首先，它解释了学习和记忆的生理基础。当我们学习新知识或技能时，神经元之间的突触连接会变得更强或形成新的连接，从而使得信息的传递更加高效。其次，神经可塑性在恢复神经损伤方面具有关键作用。例如，经过康复训练，中风患者的大脑可以通过重组神经网络来恢复部分功能，这被称为康复训练的神经基础。

现代研究发现，神经可塑性不仅存在于儿童和青少年的大脑中，成年人的大脑也具有显著的可塑性。这一发现挑战了传统认为大脑在成年后几乎固定不变的观点，强调了终身学习和大脑健康的重要性。

「延伸：神经可塑性还与适应环境变化有关。在新环境中生活或接受新的感觉刺激，大脑会通过可塑性改变来适应这些变化。比如，盲人通过强化触觉和听觉可以部分代替视觉功能，这是大脑通过重新分配感觉输入而实现的。」

人类起源理论（Human Origins Theories）

人类起源理论主要探讨人类是如何从古老的猿类进化成为现代智人的。当前最主流的理论是非洲起源说，这个理论认为，现代人类起源于非洲。约 20 万年前，智人在非洲首次出现，并在大约 6 万年前开始迁出非洲，逐步扩散到世界各地。支持这一理论的证据包括在非洲发现的最古老的现代人类化石，以及基因研究显示非洲人的基因多样性最高。

另一个重要的理论是多地区进化说，该理论提出，现代人类在世界多个地区独立进化。根据这一观点，古老的人类祖先（如直立人）已经分布在非洲、欧洲和亚洲，这些不同地区的人类通过基因交流逐步演化为现代人类。尽管这一理论在某些区域特征上有一定依据，但缺乏广泛的化石和基因证据支持。

交替模型则是对上述两种理论的结合。它认为，现代人类起源于非洲，但在扩散到其他地区时，与当地的古老种群（如尼安德特人和丹尼索瓦人）发生了基因交流。基因研究显示，现代欧洲和亚洲人的基因组中确实含有一小部分尼安德特人和丹尼索瓦人的基因，这支持了这一模型。

达尔文通过进化论奠定了人类起源研究的理论基础，雷蒙德·达特（Raymond Dart）在南非发现了"南方古猿"化石，提供了早期人类存在于非洲的证据。路易斯·利基（Louis Leakey）和玛丽·利基（Mary Leakey）在东非的发现进一步支持了非洲起源说。瑞贝卡·坎恩（Rebecca Cann）和艾伦·C. 威尔逊（Allan C. Wilson）通过线粒体DNA研究证实了现代人类起源于非洲的理论。总之，这些科学家的研究为我们揭示了人类从古老猿类进化并迁徙到世界各地的复杂过程。

生态学中的食物链（Food Chain in Ecology）

生态学中的食物链是描述生态系统中能量和营养物质传递的路径。食物链从生产者（如植物）开始，它们通过光合作用将太阳能转化为化学能；然后，初级消费者（如兔子）吃植物，获得能量；接着，次级消费者（如狐狸）吃初级消费者，获取能量；再往上是三级消费者（如老鹰），它们吃次级消费者；最后，分解者（如细菌和真菌）将死亡生物的有机物分解为无机物，回归土壤供生产者使用。

食物链的重要性在于它揭示了生物之间的相互依赖关系和生态系统的能量流动。举个简单的例子：草是生产者，兔子吃草，狐狸吃兔子，老鹰吃狐狸，而细菌分解老鹰的尸体，使养分回到土壤。这展示了一个完整的生态系统是如何维持平衡的。

食物链概念由英国生态学家查尔斯·埃尔顿在20世纪20年代提出。他在研究北极狐和其他动物的关系时，发现了生物之间复杂的捕食关系，并首次提出了食物链和食物网的概念。埃尔顿的工作帮助我们理解了生态系统中不同生物之间的能量传递和相互依赖性，为现代生态学的发展奠定了基础。

通过了解食物链,我们可以更好地理解和保护自然界的平衡。例如,如果一个关键物种消失,整个食物链可能崩溃,影响整个生态系统。因此,研究食物链不仅有助于学术研究,还对生态保护和环境管理具有重要意义。

社会生物学(Sociobiology)

社会生物学是一门研究动物和人类社会行为的学科,旨在揭示这些行为的生物学基础。这门学科由美国生物学家爱德华·威尔逊在1975年首次系统提出,他在《社会生物学:新的综合》一书中详细阐述了这一理论。威尔逊的工作引发了广泛讨论,因为他提出社会行为,如利他主义、攻击性和合作等,可能有遗传基础,并受到自然选择的影响。

社会生物学认为,许多社会行为是为了提高个体或群体的生存和繁殖成功率而进化的。例如,蜜蜂的工蜂通过牺牲自己保护蜂巢,这种利他行为实际上增加了它们的基因在整个群体中的传播机会。同样地,人类的亲属间的帮助行为也可以通过这种理论解释,即个体帮助亲属可以间接传播自己的基因。

尽管社会生物学在解释动物行为方面取得了广泛认可，但它在应用于人类行为时引发了争议。批评者认为，将复杂的人类社会现象简单归结为遗传因素过于片面，忽视了文化、教育和环境的影响。然而，支持者则认为，社会生物学提供了一种新的视角，帮助我们理解行为的生物学根源，并与其他学科如心理学和人类学互补。

病毒溶解（Viral Lysis）

病毒溶解是指病毒感染宿主细胞后，通过破坏细胞膜或细胞壁，使宿主细胞破裂，从而释放出新生成的病毒颗粒的过程。这个过程主要发生在溶菌性噬菌体和某些动物病毒中。溶解过程包括病毒进入宿主细胞、复制其遗传物质、组装新病毒颗粒，最终导致宿主细胞破裂，释放出大量新的病毒颗粒，继续感染其他细胞。

病毒溶解的研究起源可以追溯到20世纪初，弗雷德里克·特沃特（Frederick Twort）和菲利克斯·德雷勒（Félix d'Hérelle）分别在1915年和1917年发现了噬菌体。噬菌体是一种感染细菌的病毒，它们通过溶解细菌来繁殖和扩散。德雷勒在研究过程中，观察到噬菌体能够使细菌培养物变得清澈，这就是因为噬菌体感染细菌并导致细菌细胞破裂溶解。

病毒溶解对科学研究和医学应用具有重要意义。在基础研究方面，研究病毒溶解机制有助于我们理解病毒与宿主细胞之间的相互作用。同时，噬菌体的溶解特性被应用于噬菌体疗法，用于对抗抗生素耐药的细菌感染。噬菌体疗法利用噬菌体特异性溶解致病细菌，提供了一种潜在的抗菌治疗替代方案。

病毒溶解是病毒生命周期中的一个关键环节，通过这一过程，病毒能够快速繁殖并扩散到新的宿主细胞。弗雷德里克·特沃特和菲利克斯·德雷勒的发现为我们揭示了这一重要生物现象，并为后续的病毒学和细菌学研究奠定了基础。理解病毒溶解机制不仅有助于基础科学研究，还在开发新型抗菌疗法方面具有广阔的应用前景。

数理概念作为支撑

被遗忘权（Right to be Forgotten）

这个概念与欧盟的《通用数据保护条例》相关。这项于 2018 年生效的法规，旨在保护个人数据的隐私和安全。人们把某些东西从搜索引擎和目录中抹掉的权利，称为"被遗忘权"。

支持这个权利的人认为，有必要有被遗忘权，因为有些人会利用色情网站报复性收集信息，甚至有些搜索引擎会把人们过去的小错误也一股脑列出来。如果这些信息不删掉，可能会一直影响着一个人在网上的名声。

需要注意的是，被遗忘权与隐私权不同。隐私权是指那些不愿意被公众知晓的信息，而被遗忘权则是指取消公众获取已经知晓的信息的权利。

「延伸：反对者担心这个权利会损害言论自由。他们担心一旦建立了被遗忘权，互联网质量会下降，审查制度会变得更严厉，甚至可能导致历史被篡改。他们也质疑这个权利在国际上是否可行，因为法律在不同地方有不同的解释，而且执行起来相当困难。」

合成媒体（Synthetic Media）

合成媒体是指利用人工智能和其他技术生成或修改的媒体内容，包括图像、视频、音频和文本。随着人工智能技术的进步,尤其是深度学习的发展,合成媒体在近几年得到了广泛关注和应用。合成媒体的历史可以追溯到计算机图形学和早期的图像处理技术,但真正的突破发生在 2014 年,随着 GANs 的提出。GANs 由伊恩·古德费洛(Ian Goodfellow)及其团队提出,即通过两个神经网络(生成器和判别器)相互竞争,生成高质量、逼真的图像和视频。

「延伸:合成媒体的应用范围非常广泛。例如深度伪造技术可以生成逼真的人脸图像和视频,将一个人的面部表情和声音合成到另一个人身上。这项技术虽然在娱乐和创意产业中有很多正面应用,如电影特效和虚拟主播,但也引发了关于隐私和伦理的争议,因为它可能被用来制造虚假信息和欺骗性内容。」

科技伦理(Ethics of Technology)

科技伦理是研究科技发展对社会、环境和人类行为的影响,并探讨科技在应用过程中的道德和伦理问题。

对科技伦理的研究可以追溯到 20 世纪中期,当时计算机和生物技术的快速发展引发了对其社会影响的深刻思考。诺伯特·维纳(Norbert Wiener)是信息伦理学的早期倡导者之一,他在 20 世纪 40 年代提出了关于自动化和人类价值的伦理思考。

随着科技的不断进步，科技伦理涵盖的范围也越来越广泛。例如，AI 的崛起带来了诸多伦理问题，包括算法偏见、隐私保护、就业影响和决策透明度等。自动驾驶汽车的道德决策、基因编辑技术的伦理争议、社交媒体平台的内容审核和数据使用等，都是当前科技伦理的重要议题。

「延伸：在 AI 领域，之前提到的"算法偏见"就是一个备受关注的问题。由于训练数据的偏差，AI 系统可能在决策过程中表现出种族、性别或其他形式的偏见，这会对受影响群体造成不公平的待遇。例如，面试筛选系统中的算法偏见可能导致某些群体的求职者被不公平地排除在外。」

跨媒介叙事（Transmedia Storytelling）

跨媒介叙事是一种通过多个媒介平台讲述故事的方式，每个平台提供不同的故事内容和视角，形成一个互补的叙事整体。这种叙事方法不仅增强了观众的参与感，还创造了更为综合和沉浸式的叙事体验。跨媒介叙事的概念最早在 2003 年由美国媒体学者亨利·詹金斯（Henry Jenkins）提出。

跨媒介叙事的核心在于每个媒介平台不是简单地重复同一个故事,而是为整个叙事添加新的元素和细节。例如,一部电影可能讲述了主线故事,而其衍生的小说、漫画、游戏和社交媒体内容则补充了角色背景、世界观和情节细节。

一个经典的例子是《星球大战》系列。最初的《星球大战》电影于1977年上映,但这个故事并不仅限于电影。其后,小说、漫画、动画片和电子游戏等多种媒介扩展了星球大战的宇宙,为粉丝提供了更为丰富的故事体验。这些不同的媒介不仅吸引了不同的受众,还增强了整个故事的深度和广度。

「延伸:跨媒介叙事的成功依赖于精心的策划和协调。每个媒介平台的内容需要既能独立存在,又能与其他平台的内容相互补充,形成一个完整的叙事体系。创作者需要考虑每个平台的特点和受众,设计出最适合的内容和叙事方式。」

媒介创新(Media Innovation)

媒介创新是指在媒体和通信技术领域,通过新技术、新方法和新思维,推动媒介内容、形式、传播方式和受众互动的变革。随着数字化和网络技术的迅速发展,媒介创新成为现代传媒产业发展的重要驱动力。

媒介创新的一个典型例子是社交媒体的兴起。20世纪90年代末至21世纪初，随着互联网的普及，社交媒体平台如Facebook、Twitter和Instagram逐渐崛起，彻底改变了人们获取和分享信息的方式。这些平台不仅使用户能够实时发布和消费内容，还创造了新的社交互动和社区形成方式。通过算法推荐、用户生成内容和即时通信，社交媒体重塑了新闻传播、广告营销和个人表达的生态。

播客（Podcast）和数字广播也是媒介创新的重要形式。随着智能手机和移动互联网的普及，音频内容的消费变得更加便捷和多样化。播客内容涵盖新闻、教育、娱乐等各个领域，满足了用户在不同场景下的听觉需求；数字广播则利用数字技术，提高了音频信号的传输质量和覆盖范围，丰富了听众的选择。

「延伸：总的来说，媒介创新通过不断引入新技术和新方法，改变了媒介内容的生产和消费方式，提升了用户的体验和互动水平。在这一过程中，媒介创新不仅推动了传媒产业的发展，也在更广泛的社会和文化领域产生了深远的影响。」

耳朵经济（Ear Economy）

耳朵经济指的是通过音频内容和服务来创造经济价值的商业模式。随着智能手机、无线耳机和智能音箱的普及，音频消费逐渐成为人们日常生活的重要组成部分。耳朵经济涵盖了包括音乐、播客、有声书、音频广告和语音助手等多个领域。耳朵经济的崛起可以追溯到20世纪末，随着苹果公司的 iPod 和 iTunes 的推出，数字音乐和播客逐渐流行起来。之后，Spotify、Apple Music 和 Tidal 等流媒体音乐服务进一步推动了音频内容的普及。通过订阅模式和个性化推荐，这些平台为用户提供了便捷和多样化的音乐体验。

播客、有声书是耳朵经济中的一大亮点。自 2004 年播客概念诞生以来，这种形式迅速发展，成为用户获取信息和娱乐的重要渠道。播客内容覆盖广泛，包括新闻、教育、文化、娱乐和个人故事等各个领域。成功的播客节目不仅吸引了大量听众，还通过广告、赞助和付费订阅等方式实现了商业变现。耳朵经济通过提供高质量的有声书内容，满足了用户在通勤、运动和家务等场景下的阅读需求，也为作者和出版商提供了新的收入来源。

「延伸：耳朵经济不仅改变了人们获取信息和娱乐的方式，也为广告主、内容创作者和科技公司带来了新的商业机会。随着技术的不断进步和用户需求的增加,耳朵经济有望继续保持快速增长,成为数字经济的重要组成部分。」

媒介隐没（Media Invisibility）

媒介隐没指的是在使用技术或媒介时,人们逐渐忽略了媒介本身,而更加专注于所传递的信息或体验。这个概念强调了媒体工具的隐形特性,使用户在使用时感觉不到媒介的存在。媒介隐没通常出现在技术与人交互的过程中,当技术变得如此自然和无缝时,用户不再关注媒介本身,而是专注于实现目标或获取信息。

一个典型的例子是智能手机。当你在用智能手机时,就像手机被施了隐身术,你会完全忘了它是个电子设备,而是沉浸在刷朋友圈、看视频、发短信或拍照的快乐中。手机仿佛变成了空气,默默地在你手中运行着各种应用和内容。媒介隐没就是这么神奇,让你的注意力完全被内容吸引,而媒介则默默退场。

「延伸：媒介隐没的概念对于设计师、工程师和用户体验专业人员非常重要,因为他们致力于创造更具人性化和无缝的技术体验。通过减少对媒介本身的感知,他们可以使用户更容易地与技术互动,而不会被媒介的存在所干扰或感到不便。通过实现媒介隐没,技术能够更好地满足人们的需求,提供更优质的用户体验。」

布朗运动(Brownian Motion)

布朗运动是指悬浮在液体或气体中的微粒进行的永不停息的无规则运动。这一现象最早在 1827 年被英国植物学家 R. 布朗观察到。微粒的直径通常介于 1~100 纳米之间,当这些微粒处于液体或气体中时,由于周围液体分子的热运动,微粒会不断受到来自各个方向的液体分子碰撞。如果碰撞力不均衡,微粒就会被推动移动,并因此而频繁改变其运动方向,形成不规则的运动轨迹。布朗运动的活跃程度随着液体或气体的温度升高而增加,因为温度越高,分子的热运动越剧烈。这一现象不仅是一个有趣的物理现象,也对分子动力学理论的发展具有重要意义。

「延伸:布朗运动对于现代金融数学具有深远的影响,特别是在股票价格模型的建立上。这种运动的随机性特征启发了维纳过程的开发,这是一种用于描述连续时间内的随机变动的数学模型。维纳过程在金融领域被广泛应用,尤其是在期权定价和风险管理中。」

链式反应（Chain Reaction）

多米诺骨牌是一种古老且有趣的游戏。人们可以根据自己的喜好，将骨牌排列成各种形状，并调整它们之间的位置。只需轻轻推倒第一张骨牌，后面的骨牌就会像连锁反应一样一个接一个地倒下。这种连锁反应的游戏在自然界中也有类似的存在，所以被称为链式反应（Chain Reaction）。

在宏观层面，通常用"雪球效应"来形象地描述这一过程：就像一个小小的雪球从山顶滚下，途中积聚更多的雪，体积逐渐增大，最终可能形成雪崩。雪球的增大是由于它在下滚过程中不断累积雪量，这是重力势能在摩擦力作用下寻找释放路径的结果。

在核物理学中，链式反应更是关键概念。例如，在核反应堆或核武器中，一个游离中子被释放，可能撞击到重核，引发核裂变，并释放更多的中子。这些新释放的中子再次触发其他核的裂变，从而形成一个快速且自维持的链式反应。在反应堆中，这种链式反应需要精确控制以产生稳定的能量；而在核武器中，目的是产生未被控制的、迅速扩大的反应，释放巨大的能量。

纳米技术（Nanotechnology）

纳米技术可以被分为3种概念。第一种是分子纳米技术，这个概念由美国科学家K.埃里克·德雷克斯勒（K. Eric Drexler）在1986年的著作《创造的引擎》中首次提出。分子纳米技术的愿景是能够在分子层面上自由组合材料，创造出多样化的结构和机械，但这一领域的实用化进展仍然处于初级阶段。

第二种概念视纳米技术为微加工技术的极限形态，即通过精细的加工技术在纳米级别上制造结构。这种方法目前广泛应用于半导体行业，推动了电子设备的微型化。不过，随着构件尺寸的进一步缩小，诸如绝缘效果减弱和材料发热等问题开始显现，迫使科学家寻求新的突破。

第三种概念是从生物学角度出发，利用生物体内固有的纳米级结构。在这一领域，科学家正在尝试开发诸如DNA分子计算机或细胞生物计算机等前沿技术，这标志着纳米生物技术的新发展。

会聚技术（NBIC）

会聚技术是把纳米技术、生物技术、信息技术和认知科学四个科学技术领域组合起来的技术，是21世纪初提出的最新技术。

美国国家科学基金会主持编写的《提升人类能力的会聚技术》报告中这样形容NBIC："如果认知科学家能够想到它，纳米科学家就能够制造它，生物科学家就能够使用它，信息科学家就能够监视和控制它。"

「延伸：当这些技术交叉融合时，它们能够产生前所未有的创新和应用，例如通过纳米技术和生物技术的结合，我们可以设计出能够在体内精确投送药物的纳米机器人；通过信息技术和认知科学的结合，可以发展出更加智能的人工智能系统，更好地模拟人类的认知过程。」

室温超导（Room-Temperature Superconductivity）

通常超导状态只能在临界温度极低的条件下实现，常见的超导材料需要冷却到几到几十开尔文（零下200多摄氏度）的低温。因此，实现这种状态需要依赖液氦或液氮等制冷介质，这明显限制了超导材料的广泛应用。

室温超导是指材料在常温（约27℃或300K）或高于常温下展现超导性能的现象。这种材料若存在，将是一次科技革命,因为它将允许无损耗的电力传输、高效的磁悬浮交通工具,以及极大提升电子设备的性能等。然而,尽管历史上有多次声称合成了室温超导体的报道,但这些声称都因为缺乏可靠证据而未得到科学界的广泛认可。

目前,尽管理论上没有超导体的临界温度上限,但也没有确凿的理论或实验证据支持室温超导体的存在。科学家继续在物质科学领域探索,希望能够发现或合成能在更高温度下表现出超导性的新材料。

混沌理论(Chaos Theory)

混沌理论涉及对确定性的预测,混沌系统在一段时间内是可预测的,然后会变得随机。混沌系统的行为能够被有效预测的时间取决于3点:1.预测中可容忍的不确定性有多大;2.对其当前状态的测量有多精确;3.一个取决于系统动态的时间尺度,即李雅普诺夫时间。李雅普诺夫时间是动态系统理论中的一个重要概念,用于衡量一个系统从可预测状态转向混沌状态的时间长度。这个时间尺度基于李雅普诺夫指数,后者测量系统中微小扰动的发散速度。如果李雅普诺夫指数是正的,那么初始条件的微小差异会以指数速度增长,导致系统行为的长期预测变得不可能。在实际应用中，在超过李雅普诺夫时间两到三倍的时间间隔内，就无法进行有意义的预测。

「延伸：混沌理论用于研究无法用单一数据关系而必须用整体、连续的数据关系来解释和预测的动态系统的行为。」

元胞自动机（Cellular Automaton）

元胞自动机是一种模拟复杂系统动态行为的数学模型，具备空间、时间和状态的离散特性。它是由冯·诺依曼提出，并在科学家如约翰·何顿·康威和斯蒂芬·沃尔夫勒姆的努力下得到发展。这一模型广泛应用于计算机科学、物理学、复杂系统理论、理论生物学等领域，是研究自然与人工系统演化过程的有力工具。

元胞自动机由一个规则网格组成，每个格子称为一个单元格，每个单元格具有一定的状态。这些状态根据定义好的规则随时间演变，单元格之间的状态变化通过局部规则实现，即一个单元格的下一状态由其本身及邻近单元格的当前状态决定，这种局部相互作用使得整个系统即使在简单的规则下也能展现出复杂的全局行为。

「延伸：例如康威的"生命游戏"就是著名的元

胞自动机例子，它展示了怎样通过简单的生存和死亡规则模拟生物群落的演变。元胞自动机的这种模拟能力使其成为研究从交通流动到疾病传播等多种现象的有用工具。」

斑图（Speckle Pattern）

斑图是指在自然界和实验中观察到的具有空间或时间规律性的非均匀宏观结构，简单说是由系统的"规则"产生的有序又随机的状态，这种现象通常是系统内部自发对称性破坏和自组织过程的结果。

比如斑马的条纹和豹子的斑点，就是斑图现象，是基因和生物发育过程互动的结果，皮肤表面的花纹由于基因的控制而按照某一种规则生长，但同时又因为各种各样的因素导致突变，进而产生各种随机而有序的图案。

斑图在流体力学中也有体现，当我们从下方加热流体时，在流体表面水平层中会产生一种形似细胞的规则对流斑图，称为伯纳德涡流。此时浮力和重力的影响是对流细胞斑图出现的原因，最初的运动是密度较小的流体从受热的底层上涌。这种上升流自发地组织成一种规则的细胞斑图。

耗散结构（Dissipative Structure）

牛顿的万有引力定律与热力学第二定律提供了对宇宙运作的两种截然不同的视角。牛顿的理论描绘了一个机械而有序的宇宙，其中的天体运行遵循精确可预测的数学规律。相反，热力学第二定律则预示着宇宙的终极命运是热寂，即所有能量最终均匀分布，无法再做功，导致宇宙秩序的衰减和功能的丧失。

耗散结构理论则介于这两种极端之间，由比利时科学家伊里亚·普里高津在探索非平衡热力学过程时提出，他因此荣获1977年诺贝尔化学奖。耗散结构理论提出了一种系统在非平衡状态下能够通过能量和物质的输入及熵的输出，自发形成有序结构的可能性。这种理论尤其在生物学和生态学中具有重要意义，因为它为生命的复杂性和进化提供了一个物理学的解释框架。生命系统能够在远离热力学平衡的状态中维持和发展其复杂结构，正是因为它们能够从环境中吸收能量和物质，并排出熵。

例如一片叶子通过光合作用吸收阳光，将低熵的光能转换为化学能，同时释放高熵的热能到环境中。这个过程不仅支持了叶子自身的生长，也维持了整个生态系统的有序状态。耗散结构理论提供了一种视角，认为开放系统可以通过与环境的能量和物质交换,逆熵增趋势,形成和维持有序结构。这种理论为理解和描述远离平衡态的复杂系统如何能够发展出高度有序的结构提供了科学基础。

贪心算法(Greedy Algorithm)

贪心算法是一种在算法设计中常用的启发式方法,其核心思想是在每个决策阶段都做出当下看起来最优的选择,即选择当前情境下能带来最大收益的选项。这种方法的优势在于其实现简单且运算速度快,因为它每次决策只考虑当前状态,而不是所有可能的解决方案。

然而,贪心算法的主要局限在于它通常无法保证得到全局最优解,因为每一步的最优决策可能最终不会导致最优的总体结果。它的选择性特点是不考虑未来的影响及其决策的长远后果。例如,在解决背包问题时,贪心算法可能优先选择单价最高的物品,但这并不总能确保达到最大价值。

与贪心算法相对的是动态规划,后者在每一个决策点会考虑所有可能的选择并保存中间结果,这使得动态规划能够在最终决策时考虑之前的所有选择,从而有可能得到全局最优解。动态规划通过重新评估之前的决策,解决了贪心算法可能忽视的问题。

庞加莱猜想(Poincare Conjecture)

庞加莱猜想,由法国数学家儒勒·昂利·庞加莱首次提出,是几何拓扑学中一个非常重要的问题,也是克雷数学研究所悬赏的七大千禧年难题之一。

他提出以下猜想:任一单连通的、封闭的三维流形与三维球面同胚。简单来说,庞加莱提出了一个有趣的猜想:任何一个闭曲面都可以通过连续可变形的方式转变成一个球面。也就是说,无论它是什么形状,只要是闭曲面,都可以被"慢慢拉伸"变成一个球面。

该猜想是一个属于代数拓扑学领域的具有基本意义的命题,对"庞加莱猜想"的证明及其带来的后果将会加深数学家对流形性质的认识,甚至会对人们用数学语言描述宇宙空间产生影响。对于一维与二维的情形,此猜想是对的。现在已经知道,它对于任何维数都是对的。

模论(Modal Theory)

模论涉及结构和对称性的概念,早在19世纪,狄利克雷就曾经考虑过多项式环上的模。在数学上,我们常常遇到需要在一定的规则下进行运算的场景,比如加法和乘法。模论让我们可以探索这些运算结构的深层属性和复杂性。

模论的起点可以从一个叫作"环"的数学结构说起，在环中，模就是一种可以进行加法和与环中元素的乘法的集合。这听起来可能有点抽象，我们可以用一个简单的例子来说明：钟表只能显示从0到11的数字，如果你在11点的基础上增加3个小时，根据我们日常的计时方法，你会回到2点。在这种情况下，12小时就形成了一个模，这种回环的特点是模论研究的核心。

在数学中，模可以帮助我们处理诸如整数集合、多项式集合等更复杂的结构，这些结构在加法和乘法下展现出有趣的对称性和规律性。模论的强大之处在于它提供了一个框架，通过这个框架，我们可以发现并证明这些结构之间的深刻联系，就像解开宇宙中隐秘的数学密码一样。

密码学（Cryptography）

密码学是研究如何安全地保护信息的科学。从古代使用的简单密码到今天的高科技加密方法，密码学已经发展了许多。

在早期，人们使用古典密码学，主要是通过改变字母的顺序或替换字母来隐藏信息。这种方法比较依赖于设计者的创意和技巧,像是一种艺术。

现代密码学则大不相同,它涉及的不仅仅是保密,还包括确保信息传递的完整无误、防止信息被篡改,并确保信息发送和接收的双方都是可信的。现代密码学用到了很多数学和计算机科学的技术,比如公钥加密和哈希函数,这些技术帮助我们在网上购物、发送电子邮件等活动中保护信息安全。

简单来说,密码学就像是信息的保镖,无论是古代的简单方法还是现代的高科技手段,它的任务都是确保信息安全无虞。

分形(Fractal)

1975 年数学家 B. B. 曼德博(B. B. Mandelbrot)首次提出"分形"这个术语。分形的拉丁文词源有"破坏""破碎"的意思,曼德博将分形的概念从理论分形维数拓展到自然界中的几何图形。

分形是一种数学上的概念,用来描述那些自相似且具有复杂结构的形状或者图案,这种结构在各个尺度上都呈现出相似性。图形一般可分成数个部分,且每一部分都(或至少近似地)是整体缩小后的形状。

分形的特点是具有非整数的维度,这种维度称为分形维数或豪斯多夫维数，它可以用来衡量分形的复杂程度。分形图形通常通过迭代过程生成，即重复一个简单的过程多次来构造复杂的图形。

「延伸：分形的典型例子包括曼德博集合、谢尔宾斯基地毯、科赫雪花等。分形在自然界中广泛存在，如海岸线、云朵、山脉、植物叶脉等。」

分数维度（Fractal Dimension）

分数维度是用来描述分形结构复杂度的一个度量指标。分形是一种在各个尺度上具有自相似性质的几何形态，分数维度可以用来描述这种复杂性。它突破了传统几何学中整数维度的概念，引入了非整数的维度来更精确地描述自然界中许多不规则的、复杂的形状。

分数维度的概念由法国数学家 B. B. 曼德博在 20 世纪 70 年代提出。他研究了自然界中的许多现象，如海岸线、山脉、云朵和植物，这些都表现出分形特性，并无法用简单的整数维度来描述。曼德博的研究揭示了这些现象背后隐藏的几何规律。

一个经典的分形例子是曼德博集合，它是一种复杂的二维图形，其边界具有无限细节。通过不断放大这个图形，可以发现其边界在各个尺度上都是自相似的。曼德博集合的分数维度大约是 2.1,这表明它比二维平面稍微复杂,但又没有达到三维空间的复杂度。

分形动力学(Fractal Dynamics)

分形动力学是研究分形结构在时间演化中的行为和特性的科学。分形是一种复杂的几何形态,具有自相似性,即无论放大多少倍,其结构特征都是相似的。分形动力学结合分形几何和非线性动力系统,探索这些复杂形态在动态过程中如何演变。

分形动力学的概念起源于 20 世纪,法国数学家 B. B. 曼德博在研究自然界中的复杂现象时提出了分形几何的概念。曼德博的工作揭示了许多自然现象,如海岸线、云朵和山脉,都可以用分形来描述。他的研究为理解复杂系统提供了新的视角。

简单来说,分形动力学就是研究那些具有分形特性的系统如何随时间变化。例如,一条河流的分支结构、股票市场的波动甚至心脏的跳动模式,都可以通过分形动力学来分析。通过研究这些系统的分形维数和时间序列,科学家能够更好地理解其内在规律和行为模式。

「延伸:分形动力学的应用非常广泛。在物理学中,它用于分析湍流和混沌现象;在生物学中,它帮助理解细胞生长和神经网络的结构；在医学中，它用于分析心电图和脑电图中的复杂信号；在金融领域，它帮助解释市场波动和风险管理。」

量子计算（Quantum Computation）

量子计算是一种基于量子力学原理的先进计算方式，它最初由阿岗国家实验室的 P. 贝尼奥夫（P. Benioff）在 20 世纪 80 年代初期提出，他的想法是二能阶的量子系统能用来模拟传统的数字计算。量子计算引发过诸多讨论，但是一直没能付诸实践。直到 1985 年，牛津大学的 D. 多伊奇（D. Deutsch）进一步提出了量子图灵机的概念，这为量子计算提供了坚实的理论基础。

量子计算的核心优势在于量子力学的叠加原理。在经典计算中，一个 2 位的寄存器只能表示四种状态中的一种。而在量子计算中，一个包含两个量子位的寄存器可以同时表示这四种状态的叠加。这种能力使得量子计算机在处理信息时能够显示出极高的效率和速度。随着量子位数量的增加，量子计算机能处理的叠加状态数呈指数级增长，使得它在解决某些特定类型的问题时，如整数分解、搜索算法和模拟量子物理过程等，比传统计算机快得多。

「延伸：量子计算并不是全能的，目前它面临一个重要的技术难题，即如何在确保量子比特的高质量操作的同时，保持它们对环境足够的隔离以避免量子退相干。量子退相干是指量子比特因与外部环境相互作用而逐渐失去其量子力学特性的现象，这对于量子计算来说是一个主要挑战，因为这会导致计算错误和信息丢失。」

数字公共外交（Digital Public Diplomacy）

数字公共外交是指国家或政府通过互联网和数字平台与国际社会互动、传播信息和推广政策的一种方式。它利用社交媒体、网站、博客、视频和电子邮件等工具，与全球受众建立联系。数字公共外交的重要性在于它可以通过虚拟活动实现跨国交流与合作，例如在线会议、网络研讨会和虚拟外交访问。

「延伸：例如中国的"一带一路"倡议不仅通过传统媒体传播，还通过社交媒体和官方网站与全球观众互动，介绍其经济合作和基础设施项目。许多国家制定了数字外交战略，明确如何使用数字技术实现外交目标，如提高国际能见度、管理危机和促进文化交流。通过这些努力，数字公共外交使国家能够更广泛地与国际社会互动，传递信息，推动国际事务，增进国际理解和合作。」

空间三元论(Spatial Triad)

三元空间理论是法国哲学家和社会学家亨利·列斐伏尔提出的,他在《空间的生产》中详细阐述了这一理论。该理论认为,社会空间不是单一的,而是由三种不同但相互关联的维度构成,其中包括感知空间、表征空间和生活空间。

感知空间是指我们通过日常生活和实践所直接感知和体验的物理空间。这包括我们日常活动中的场所和环境,比如街道、建筑物、公园等。这一层面强调空间的物质性和可见性,是最直观和具体的空间形式。

表征空间是指通过各种符号、图像和概念来描述和理解的空间。它包括地图、规划图、建筑设计图等,这些是专家和规划者用来描述和控制空间的工具。这种空间是理论化和抽象的,更多地涉及空间的理念和象征意义。

生活空间是指空间的主观体验和象征意义,是人们在生活和社会互动中赋予空间的意义和价值。这一维度包含个人和集体的情感、记忆和文化认同。例如,一个广场不仅是一个物理存在的开放空间,它还可能是市民集会、庆祝活动和历史事件的发生地,承载着丰富的社会和文化内涵。

奥尼尔圆柱体（O'Neill Cylinder）

奥尼尔圆柱体又称奥尼尔殖民地，是美国物理学家兼天文学家杰拉德·K.奥尼尔在1976年的著作《高边疆：太空中的人类殖民地》中提出的一个太空殖民构想。奥尼尔的愿景是利用月球或小行星上的资源，在21世纪建立太空移民社区，尽管这一构想至今仍停留在理论阶段。

奥尼尔圆柱体的具体设计为两个巨大的圆柱体，每个圆柱直径约5千米，长度20千米，这两个圆柱体通过轴承系统连接在一起，并且以相反方向旋转。这种反向旋转的设计用来抵消由于圆柱体旋转产生的陀螺效应，这是保持圆柱体稳定对准太阳的关键。圆柱体的旋转产生的向心力模拟地球重力，为居住者提供了类似地球的生活环境。

奥尼尔圆柱体的内部设想为一个宜居的环境，包括住宅区、农业区和娱乐区。这些区域模拟了地球的多样环境，包括水体、植被和变化的天气模式。这些设计旨在创造一个自给自足的生态系统，能够支持大规模的人类居住和社会活动。虽然目前的技术和经济限制使得奥尼尔圆柱体尚未成为现实，但这一构想持续激发着对太空居住和资源利用的科学研究与讨论，对未来可能的太空殖民活动具有重要的启发意义。

时空分异（Spatiotemporal Differentiation）

时空分异是一个多学科的概念，它探讨了时间和空间的不均匀性和复杂性。在不同的领域，这一概念有着各自独特的解释和应用。

在物理学中，时空分异主要关联于爱因斯坦的广义相对论。广义相对论认为，时空并非静态和均匀的，而是可以被物质和能量的分布所弯曲。这种弯曲影响了物体的运动路径，也就是说，物体在受到引力的影响时，实际上是在弯曲的时空中沿着所谓的"地理直线"或测地线移动。

在哲学领域，时空分异则涉及对时间和空间本质的深入思考。哲学家可能会探讨时间是否具有线性流动性质，或者是否存在多个并行的时间线。同时，空间的多维性也是哲学探讨的对象，哲学家试图理解空间的结构和我们对其的感知方式。

社会科学中的时空分异则更侧重于社会结构和文化表现。研究者利用这一概念来分析不同地理区域或不同历史时期之间的社会、经济和文化差异。例如，城市化进程中的地区差异、历史变迁对社会结构的影响等。

在科幻文学中，时空分异则通常被描绘为充满想象的概念，如时间旅行、平行宇宙和虫洞等。这些元素不仅为故事情节提供动力,也挑战和扩展了读者对时间和空间传统认知的界限。

尺度效应(Scale Effect)

在地理学中,尺度是一个至关重要的概念,它直接影响到如何理解和解释地理现象。尺度不仅指的是地图上的表示比例,还涵盖研究所关注的时间和空间的范围。选择不同的尺度进行研究,可能会揭示完全不同的趋势、动态和关联,这就是所谓的尺度效应或尺度依赖性。这一概念帮助我们理解并预测事物在不同空间和时间尺度上的动态变化,对于科学研究和实际应用均有重要意义。

在物理学中,尺度效应常见于微观和宏观尺度之间的对比。微观层面上,物质的行为受量子力学的支配,展现出与经典物理截然不同的性质。例如,单个电子的行为无法用经典物理解释,而在宏观尺度,大量电子的平均行为则可以通过统计力学来描述。

在生物学中,尺度效应体现在从微观的分子和细胞层面到宏观的生态系统和进化时间线的多样性。例如,细胞内的分子交互作用影响整个生物体的健康和功能,而生物群落的动态可能需要通过考虑数十年的生态数据来分析。

在工程和材料科学中，尺度效应尤为重要。材料的性质，如强度、电导和热传导，可能会随着观察的尺度变小而表现出不同的行为。特别是在纳米尺度上，材料的性能和反应可能与宏观材料完全不同，这一现象在设计和制造高性能材料时必须考虑。

在社会科学中，尺度效应涉及人类行为和社会现象在不同地理和时间尺度上的变异。社会和经济现象在不同的尺度上（如个体、社区、国家和全球）呈现不同的模式和趋势。

理解尺度效应不仅有助于科学家和工程师设计实验和模型，还为制定政策、管理资源和解决复杂的社会问题提供了重要的视角。

复杂网络（Complex Network）

复杂网络是一种用来描述许多相互连接的节点和边的网络结构，这种模型广泛应用于各种系统的研究，包括社交网络、互联网、生物网络、交通网络和电力网络等。通过复杂网络的研究，我们可以更好地理解这些系统中的模式、结构和性质。

关键概念解释：

节点：网络中的基本单元，可以代表个体、网站、蛋白质等。节点是网络中的参与者或构成部分。

边：连接节点的线条或关系，用来表示节点间的互动或联系。边可以是有向的，表示关系是单向的，也可以是无向的，表示关系是双向的。

度：一个节点的度是指直接连接到该节点的边的数量。度是衡量节点在网络中重要性和连接性的一个指标。

小世界网络：这种网络中大部分节点之间的距离相对较短，并且具有一些长距离的连接。小世界网络的特点是"六度分隔理论"，常见于社交网络和互联网。

无标度网络：在这种网络中，节点的度遵循幂律分布。少数节点（通常称为"枢纽节点"）具有很高的连接度，而大多数节点的连接度则相对较低。这种结构在互联网和生物网络中很常见。

社交网络：用于描述个人间的各种社会关系，如友谊、合作关系、亲属关系等。

生物网络：描述生物体内不同生物分子之间的相互作用关系，帮助理解复杂的生物化学过程。

无尺度网络（Scale-Free Network）

无尺度网络是指一种特殊类型的网络结构，其中一些节点（也称为"枢纽"或"中心"）拥有大量的连接，而大多数节点只有少量的连接。这种网络的一个关键特征是其节点的连接度分布遵循幂律分布，也就是说，节点的连接数呈现出极大的不均匀性。

特征和性质：

1. 幂律分布：在无尺度网络中，节点的连接数分布呈幂律分布，即连接数多的节点非常少，而大部分节点的连接数很少。这与随机网络中的泊松分布形成对比。

2. 高抗性和脆弱性：无尺度网络对随机故障具有很强的抗性，因为大多数节点的失效不会显著影响网络的整体功能。然而，这种网络对针对枢纽节点的攻击非常脆弱，枢纽节点的失效可能导致网络的严重崩溃。

3. 小世界效应：无尺度网络通常也表现出小世界效应，即任何两个节点之间的平均路径长度较短，这使得信息能够快速传播。

小世界效应（Small-World Effect）

小世界效应是网络科学中的一个重要概念，它描述了在许多复杂网络中，尽管网络的节点数量庞大，但任意两个节点之间的平均路径长度却相对较短,使得信息能够快速传播。这种现象常见于社交网络、互联网和生物网络等。例如,在社交网络中,研究发现,任何两个人之间通常只需要通过六个中间人就可以建立联系,这就是著名的"六度分隔理论"。同样,互联网中的网站通过少量的链接就能互相访问。

小世界效应具有两个主要特征:一是节点之间的平均路径长度很短;二是节点之间的连接具有较高的聚类系数,意味着节点形成了许多局部的紧密群体。

理解小世界效应对于信息传播、疾病控制和网络设计等领域具有重要意义,例如,在社交媒体中,信息能够迅速扩散;在流行病学中,这种效应有助于预测和控制疾病的传播速度和路径。通过研究小世界网络,科学家可以更好地理解大脑神经网络和经济网络等复杂系统的运作机制,从而设计出更高效和稳定的网络系统。

质性研究(Qualitative Research)

质性研究是一种通过非数值化的方法来理解和解释社会现象的研究方法,通常是相对量化研究而言。质性研究实际上并不是指单一的方法,而是许多不同研究方法的统称,其中包含但不限于民族志研究、论述分析、访谈研究等。这种研究方法注重探讨人们的行为、信仰、情感和互动过程等主观体验,以揭示其背后的意义和复杂性。质性研究在20世纪初由芝加哥学派的研究者们首次提出并推广。

质性研究的方法包括深度访谈、参与观察、焦点小组和内容分析等。深度访谈是一对一的对话,通过开放式问题深入了解受访者的观点和经历;参与观察则要求研究者亲自融入研究对象的生活中,通过观察和记录来获得第一手资料;焦点小组是一种小组讨论形式,通常由研究者引导,参与者在小组中自由表达观点和讨论特定话题;内容分析是一种系统分析文本、影像等资料的方法,以发现其中的主题和模式。

质性研究的一个重要特点是灵活性。研究者在研究过程中需要不断调整和修正研究设计,以更好地适应实际情况。质性研究强调数据的深度和细致,通常采用小样本,重视个案的丰富信息,而不是追求数据的普遍性和可量化性。

「延伸:举个例子,假设我们想研究高中生在高考前的压力和应对策略。通过质性研究,我们可以对一些学生进行深度访谈,了解他们的具体感受和应对方法。我们还可以观察他们在学校和家庭中的行为,记录他们的日常生活细节。通过分析这些质性数据，我们可以深入理解高中生面对高考时的心理状态和行为模式，为教育工作者和家长提供有针对性的支持和帮助。」

朗道势能（Lennard-Jones Potential）

朗道势能（简称 LJ 势）是分子之间相互作用的一种数学模型。LJ 势描述了分子之间的吸引力和排斥力。当两个分子靠得太近时，它们会互相排斥，就像你试图把两块磁铁的同极靠近；而当它们离得太远时，它们又会互相吸引，就像你把两块磁铁的异极拉开。LJ 势的公式中有两部分：一个描述吸引力，另一个描述排斥力。排斥力随距离的减少而急剧增大，而吸引力随距离的增加而逐渐减小。

LJ 势就像是一种"隐形的弹簧"，在分子之间拉拉扯扯，帮助我们理解物质的微观行为。这样一个简单而有趣的模型，为科学家揭示了许多自然界的奥秘。

「延伸：举个例子，氦气分子之间的相互作用就可以用 LJ 势来描述。在液氦中，LJ 势帮助科学家理解氦气在低温下是如何表现的，为什么液氦可以变成超流体。」

差分形式（Differential Form）

差分形式是数学中用于研究变化和几何对象的一种工具。其概念可以追溯到 17 世纪的微积分创始人——英国数学家牛顿和德国数学家戈特弗里德·莱布尼茨，他们发明了描述物体运动和变化的微积分。然而，差分形式作为一个系统化的数学理论，是在 20 世纪初由法国数学家埃利·嘉当（Élie Cartan）发展起来的。嘉当在研究微分几何和外微分算子时，系统地提出了差分形式的概念。

差分形式简单来说就是一种可以在多维空间中"流动"的函数。它帮助我们理解多维空间中如何测量长度、面积、体积等，以及这些测量如何随位置和方向变化。在物理学中，差分形式被用来描述电磁场等场的变化和相互作用。比如，麦克斯韦方程组中的方程可以用差分形式简洁地表示。

嘉当的发展使得差分形式成为几何和拓扑学中不可或缺的工具，它在现代物理学、工程学和数学的许多领域都有广泛应用。通过使用差分形式，我们可以更好地理解复杂系统中的变化和动态，它成为科学和工程中强大的分析工具。

超临界流体(Supercritical-Fluid)

超临界流体(SCF)是一种物质状态,位于气体和液体之间,出现在特定的温度和压力条件下,在这种状态下,物质既不像典型的液体那样有固定的体积,也不像典型的气体那样完全扩散,而是展现出一些介于两者之间的特性。超临界流体有几个显著的特点:

1. 密度与黏性:超临界流体的密度接近液体,使得它能溶解比气态更多的物质,但它的黏度接近气体,允许它更容易穿过微小空间。

2. 扩散性能:它的扩散率比液体高得多,这使得它在提取和分离过程中特别有效。

3. 无表面张力:在超临界状态,物质没有表面张力,这意味着它可以渗透到比液体更小的缝隙中。

4. 可调性:在临界点附近,压力或温度的微小变化会导致密度的较大变化,从而允许"微调"超临界流体的特性。

「延伸:超临界二氧化碳是最常见的超临界流体之一,广泛用于咖啡脱咖啡因、草药提取和食品加工等工业应用。超临界流体的这些特性也使它在制药、化工和环境工程等领域的应用前景广阔,如用于药物的生产、有机污染物的清除等。」

超流体（Superfluidity）

超流体是一种物质的奇特状态，由于其完全缺乏黏性，超流体在物理学中被视为一个特别有趣的现象。超流体是被彼得·卡皮查、约翰·艾伦和唐米塞纳在1937年发现的。当超流体被放置在环状容器中时，它可以在没有外部推动力的情况下无限期地继续流动，这是因为它不受普通流体中常见的摩擦力和黏性阻力的影响。

此外，超流体的这种能力使它可以轻松通过极其狭窄的空间，比如微小的管道，而不受任何阻力。这种现象称为超流动性。超流体甚至可以表现出一种被称为"Rollin膜"的现象，即它能沿着容器的边缘爬行，并且能够逆着重力"爬"出容器的表面，这种行为在常规流体中是不可能发生的。超流体甚至可以沿着容器的边缘流动，爬上容器的壁并从另一边流下来，而不会损失任何能量。

当量子液体温度低于某临界转变温度时，它会变为超流体。比如氦的同位素，氦-4，在低于2.17 K（−270.98℃）时便会变成超流体。超流体不仅是一种非常有趣的物理学现象，也为低温物理学的研究领域以及量子理论的理解提供了重要的实验数据。此外，它还潜在地为超导体和其他先进材料的研究提供了灵感。

分层随机效应模型(Hierarchical Random Effects Model)

分层随机效应模型是一种统计模型,用于处理具有层次结构的数据。它特别适用于数据来自多个不同组别的情况,比如学校中的学生成绩、医院中的患者数据等。模型的核心思想是将数据的总变异分解为不同层次上的变异,帮助我们更好地理解数据中的内在结构和关系。

这个概念最早由英国统计学家罗纳德·费舍尔(Ronald Fisher)在20世纪初引入,他致力于农业实验中的数据分析。费舍尔通过引入随机效应和固定效应的概念,奠定了现代统计学的基础。

在分层随机效应模型中,固定效应指的是我们感兴趣的主要变量对结果的影响,而随机效应则考虑到由不同组别之间的差异引起的随机变异。举个例子,在研究学生成绩时,我们可能会关注教师教学方法(固定效应)的影响,同时要考虑到不同学校(随机效应)之间的差异。

这种模型的优势在于,它不仅能有效处理数据的层次结构,还能提供对组间和组内变异的估计,使分析结果更具解释力和准确性。因此,分层随机效应模型被广泛应用于医学、社会科学、教育学和经济学等多个领域,帮助研究人员深入理解复杂的数据结构和规律。

双曲几何（Hyperbolic Geometry）

双曲几何又名罗氏几何（罗巴切夫斯基几何），是几何学中的一个非欧几里得几何分支，由俄国数学家尼古拉·罗巴切夫斯基和匈牙利数学家约瑟夫·博利艾在19世纪初期独立发现和发展。传统的欧几里得几何认为，通过平面上一点只能作一条平行于已知直线的直线；而在双曲几何中，通过平面上一点可以作无数条平行于已知直线的直线，这种新的平行线概念使双曲几何成为一种不同于我们日常所见的几何结构。

在双曲几何中，三角形的内角和总是小于180度，而且越大的三角形内角和越小。想象一个用橡皮筋拉成的三角形，它的边可以被无限地拉长，内角和会越来越接近0。这种几何结构可以在马鞍形或类似的曲面上直观地体现。

「延伸：双曲几何不仅仅是数学家的抽象思考，它还在现实中有着重要的应用。例如，在广义相对论中，爱因斯坦用双曲几何描述了引力场附近的时空弯曲现象。此外，双曲几何在现代计算机图形学、网络拓扑和建筑设计中也有着广泛的应用。它是一种有趣且实用的几何学分支，打破了我们对空间的传统理解，开辟了数学和物理学的新天地。这种看似"扭曲"的几何让我们更深刻地理解了宇宙的结构和自然规律。」

量子自旋液体(Quantum Spin Liquid)

量子自旋液体是一个物理学概念,描述了一种特殊的磁性物质状态。它由物理学家菲利普·W. 安德森(Philip W. Anderson)在1973年提出。近年来,科学家在一些特定材料中观察到了量子自旋液体的候选物质,例如某些铜氧化物和有机材料。在这种状态下,材料中的电子自旋不会像普通磁性材料那样在低温下整齐排列,而是保持一种高度纠缠和动态波动的状态,即使在接近绝对零度的温度下也是如此。这种现象是由量子力学效应导致的强烈自旋纠缠引起的。这种材料可能被用来构建具有高容错性的量子计算机,因为其量子态对外界干扰具有较高的稳定性。

「延伸:目前一种被广泛研究的量子自旋液体候选材料是二硫化钽(TaS_2),这种材料在低温下表现出量子自旋液体的特性。此外,材料科学家也在探索其他过渡金属氧化物和有机化合物,以发现更多具有这种独特量子态的材料。」

自适应滤波器(Adaptive Filter)

自适应滤波器是一种能够根据输入信号和环境变化自动调整其参数,以达到最佳滤波效果的动态滤波器。

它在信号处理、通信系统和控制系统中广泛应用，用于去除噪声、增强信号和预测。自适应滤波器通过算法调整其系数，使得滤波器输出信号与期望信号之间的误差最小化，常用的算法有最小均方误差（LMS）算法和递归最小二乘（RLS）算法。

总的来说，自适应的过程涉及将代价函数用于确定如何更改滤波器系数从而减小下一次迭代过程成本的算法。价值函数是滤波器最佳性能的判断准则，比如减小输入信号中的噪声成分的能力。

随着数字信号处理器性能的增强，自适应滤波器的应用越来越常见，时至今日它们已经广泛地用于手机和其他通信设备、数码录像机和数码照相机，以及医疗监测设备中。

核方法（Kernel Method）

机器学习中的核方法是一种强大的技术，用来处理复杂的数据分类和回归问题。最早的核方法可以追溯到20世纪60年代，由苏联数学家阿列克谢·科尔莫戈罗夫提出，他认为可以通过某种方式将数据从低维空间映射到高维空间，使得在高维空间中复杂的非线性问题变得线性可解。这一想法后来被推广应用，并在1992年由弗拉基米尔·万普尼克（Vladimir Vapnik）和他的学生科琳娜·科尔特斯（Corinna Cortes）通过支持向量机的方法发扬光大（用线性分类器解决非线性问题）。

核方法的核心理念是：有时候我们在二维或三维空间中无法很好地分开数据，但如果我们能把数据映射到更高维度的空间中，问题可能会变得简单。例如，想象你有一群分布在平面上的点，这些点无法用一条直线分开，但如果你能把这些点"抬"到三维空间中，可能用一个平面就能轻松分开它们。核方法就是通过一个叫作"核函数"的东西，实现这种高维映射，而无须显式计算高维坐标。即使在原来的空间中数据点的分布再复杂，支持向量机也能找到一条"超平面"进行完美分类。

能使用核方法的算法有核感知器、支持向量机、高斯过程、主成分分析、典型相关分析、岭回归、谱聚类、自适应滤波器等很多算法。大多数核算法都基于凸优化或特征问题，有很好的统计学基础。

「延伸：核方法的应用非常广泛，从图像识别到自然语言处理，都能看到它的身影。比如，在人脸识别中，核方法可以帮助计算机从众多的脸部特征中找到最佳的分类边界，大大提高识别的准确性。总的来说，核方法是一种将复杂问题化繁为简的强大工具，为机器学习的进步和发展提供了重要支持。」

遗传进化算法（Genetic Algorithm）

遗传进化算法是一种受生物进化启发的优化算法。这个算法最早由美国计算机科学家约翰·霍兰德（John Holland）在20世纪60年代提出，并在他的学生大卫·E. 戈德伯格（David E. Goldberg）的研究下进一步发展和推广。遗传进化算法模拟自然选择和遗传学的基本原则，包括选择、交叉和变异。

简单来说，遗传进化算法通过"适者生存"的原则解决复杂问题。首先，我们生成一组随机解，称为"种群"。这些解每个都有一个"适应度"，表示它们在解决问题时的表现；然后，我们选择表现最好的解进行"繁殖"，通过"交叉"结合这些解的特征产生新的解，同时引入"变异"以增加多样性。这个过程一代代重复，逐步优化解的质量。

遗传进化算法在很多领域都有应用，比如机器学习、工程优化和经济学模型等。通过模拟自然界的进化过程，遗传进化算法提供了一种强大的工具来解决复杂的优化问题。

格林函数（Green's Functions）

在数学中，格林函数（点源函数、影响函数）是一种用来解有初始条件或边界条件的非齐次微分方程的函数，由英国数学家乔治·格林（George Green）在19世纪30年代提出。在物理学的多体理论中，格林函数常常指各种关联函数，有时并不符合数学上的定义。

格林函数在凝聚态物理学中常被使用，因为格林函数允许扩散方程式有较高的精度。在量子力学中，哈密顿算子的格林函数和状态密度有重要的关系。由于扩散方程式和薛定谔方程有类似的数学结构，两者对应的格林函数也相当接近。

格林函数不仅在理论研究中具有重要作用，还在工程实践中得到广泛应用。例如，在结构力学中，通过使用格林函数可以分析复杂结构在外力作用下的响应，从而帮助工程师设计更为合理和安全的结构。

光子晶体（Photonic Crystal）

光子晶体是一种具有周期性结构的材料，其折射率在空间上呈周期性变化。这种结构能够控制光的传播，类似于半导体晶体对电子的控制，人们设想可以据此来制造光子计算机。另外，光子晶体也见于自然界中。

光子晶体在1987年由S. 约翰（S. John）和E. 雅布罗诺维奇（E. Yablonovitch）分别提出。光子晶体的核心原理是通过其周期性结构形成的光子带隙，这种带隙可以阻止特定波长范围内的光通过。这种特性使光子晶体在光学和通信领域有广泛的应用。比如，在光纤通信中，利用光子晶体可以制作出具有超低损耗和高带宽的光纤，从而大大提升通信效率和质量。

此外，光子晶体还被用于设计高效的光学滤波器和波导，这些元件在激光器、传感器和光学计算机中都有重要应用。例如，利用光子晶体的带隙特性，可以设计出高选择性的光学滤波器，用于精确调控和检测光信号。此外，光子晶体还能提高太阳能电池的效率，通过优化光的吸收和传输，提升能源转换效率。

双曲面体（Hyperboloid）

双曲面体是一种几何体，具有独特的双曲面结构，广泛应用于建筑和工程设计中。双曲面体的研究可以追溯到 19 世纪，德国数学家卡尔·弗里德里希·高斯（Carl Friedrich Gauss）对其进行了深入研究。他在微分几何中系统地研究了双曲面体的性质，奠定其理论基础。双曲面体可以分为单叶双曲面和双叶双曲面两种。单叶双曲面看起来像一个旋转的鞍形，是由一系列倾斜的直线组成的，尽管它看起来是弯曲的，但实际上是由直线生成的。这种结构在建筑设计中非常受欢迎,因为它不仅美观,而且结构强度高,能够承受较大的负荷。比如,著名的巴塞罗那圣家族大教堂的一部分塔楼就是利用了双曲面体的设计。

「延伸:双叶双曲面则由两个类似鞍形的表面组成,中间通过一个狭窄的"腰部"相连。这种形状在自然界和工程中也有很多应用。例如,核电站冷却塔的设计通常就是双叶双曲面,这样的形状可以优化空气流动,增强冷却效果。」

布洛赫振荡(Bloch Oscillation)

布洛赫振荡是一种有趣的物理现象,它描述了在周期性晶格中的电子在外加恒定电场作用下的运动。这一现象由瑞士物理学家费利克斯·布洛赫(Felix Bloch)于1928年首次提出。布洛赫振荡表明,在晶格中,当电子受到电场作用时,它们不会无限加速,而是会经历一种周期性的往复运动,这与经典物理学的预测截然不同。

布洛赫振荡源于科学家对固体物理学中电子行为的研究。布洛赫通过量子力学的理论分析,发现了在周期性势场(如晶格结构)中,电子的运动受到布里渊区的限制。当电子在电场中加速时,它们会到达布里渊区的边界并反射回来,导致整体上呈现出振荡的行为。

这一理论的提出极大地丰富了人们对固体物理和晶体中电子行为的理解。布洛赫振荡在实验上观察到的难度较大,因为需要非常强的电场或超冷原子气体等特殊条件。然而,随着技术的发展,科学家已经能够在一些高精度实验中观察到这一现象。

布洛赫振荡不仅在基础物理研究中有重要意义,还在半导体物理和光子学中有潜在的应用。例如,它可以用于设计新型电子器件和光学器件,通过控制电子的振荡行为实现特定的功能。总之,布洛赫振荡展示了量子力学中奇妙的电子运动规律,为我们揭示了微观世界中的更多奥秘。

独立性(Independence)

独立性是统计学和概率论中的一个基本概念,它描述了两个事件或随机变量之间没有任何影响或关联。当两个事件是独立的时,一个事件的发生与否不会影响另一个事件的发生概率。例如,抛硬币和掷骰子这两个随机实验是独立的,因为硬币的结果不会影响骰子的结果。

这个概念最早可以追溯到17世纪，法国数学家皮埃尔-西蒙·拉普拉斯（Pierre-Simon Laplace）和雅各布·伯努利（Jacob Bernoulli）等人通过研究概率问题逐渐发展出了独立性理论。拉普拉斯和伯努利在研究赌博和天文学等实际问题时，发现了独立性在计算概率和理解随机现象中的重要性。

独立性的提出源于对随机事件之间关系的研究。科学家希望通过量化这些关系来更好地预测和解释现实世界中的不确定性。例如，了解股票价格的变化是否独立于天气变化，能够帮助投资者做出更明智的决策。

独立性在统计学中具有重要应用。例如，在进行抽样调查时，如果样本是独立的，就可以通过简单的概率计算得出整体趋势。而在机器学习和数据分析中，独立性假设也常被用来简化模型和算法的设计。

莫比乌斯带（Mobius Strip）

莫比乌斯带是一种奇特的几何形状，具有只有一个面和一条边的特性。它是由德国数学家、天文学家莫比乌斯和约翰·利斯廷在1858年独立发现的。

尝试制作一个莫比乌斯带：取一条纸带，将一端扭转180度，然后将两端黏合在一起。接下来，用剪刀沿着中线剪开这条带子。乍一看,你可能会以为会得到两条分开的带子,但实际情况是,你会得到一个新的大环,这个环有两个扭转,而不是两个分开的带子。如果你继续沿新环的中线再剪一次,这次会得到两条相互缠绕在一起的环。这种有趣的实验不仅展示了莫比乌斯带的独特性质,还帮助人们更好地理解拓扑学中的基本概念。它让我们重新思考空间和边界的概念,并展示了数学的奇妙世界。

微分流形(Differentiable Manifold)

微分流形是一个复杂而迷人的数学概念,它指的是一种多维空间,这种空间在局部上看起来像欧几里得空间,但在整体上可能具有不同的拓扑结构。简单来说,流形是一个可以被"展开"成平面的小片段,但整体上可能有复杂形状的几何体。举个例子,地球表面在局部看起来是平的,但整体是一个球形,这就是一个二维流形。

流形的概念由德国数学家卡尔·弗里德里希·高斯和他的学生伯恩哈德·黎曼(Bernhard Riemann)在19世纪发展起来。高斯在研究曲面时,提出了曲面可以用曲率来描述,而黎曼则将这一思想推广到了更高维的空间，形成了黎曼几何，这是微分几何的重要组成部分。

研究流形是为了更好地理解和描述自然界中的各种复杂形状和空间。例如，在物理学中，广义相对论使用四维流形来描述时空结构；在生物学中，流形被用来分析复杂数据的内在结构。

流形的应用非常广泛，不仅在理论数学中具有重要地位，还在现代科学和工程中扮演着关键角色。例如，在数据分析和机器学习中，流形学习方法被用来处理高维数据的降维和模式识别问题。

总的来说，微分流形为我们提供了一种强大而灵活的工具，来研究和描述复杂的几何结构和空间。通过流形，我们能够更深入地理解自然界的本质，揭示隐藏在高维空间中的奥秘。

鸟类迁徙（Bird Migration）

鸟类迁徙是指鸟类随着季节变迁而进行的，有特定方向和规律性的长距离移动。具备这种行为的鸟类被称为候鸟，而全年留在同一地点繁殖和活动的鸟类称为留鸟。在动物王国中，类似的现象也广泛存在：昆虫的这种行为叫作"迁飞"，鱼类则称为"洄游"，哺乳动物则进行"迁移"。鸟类迁徙是指鸟类为了适应季节变化，寻找食物和繁殖地而进行的长距离迁徙行为。这种现象在许多鸟类中十分普遍,是生物界一项壮观的自然奇观。鸟类迁徙的研究可以追溯到古代,但科学地揭示其规律和机制是近现代才开始的。许多鸟类在夏季繁殖地可以找到充足的食物,但冬季寒冷和食物短缺迫使它们迁往气候温暖、食物丰富的地区。

「延伸:迁徙的路线通常是固定的,并且跨越长达几千千米的距离。为了导航,鸟类利用多种机制,包括地球磁场、太阳和恒星的位置、地标和气味等。这些导航机制的精确性让鸟类能够在漫长的旅途中找到正确的方向。」

薛定谔的猫(Schrödinger's Cat)

薛定谔的猫是一个著名的量子力学思想实验,由奥地利物理学家埃尔温·薛定谔(Erwin Schrödinger)在1935年提出。这个思想实验旨在说明量子力学中的波函数叠加态问题,以及量子力学与经典物理学之间的矛盾。

实验设想是这样的:把一只猫放在一个封闭的盒子里,盒子里还有一瓶毒气、一个放射性原子和一个检测器。如果检测器检测到原子衰变,它就会打破毒气瓶,释放毒气杀死猫。根据量子力学的原则，原子在衰变和未衰变之间是处于叠加态的。由于检测器的状态与原子的状态是纠缠的，在盒子未被打开之前，猫也是处于既死又活的叠加态。这个实验的目的是揭示量子力学中的一个核心问题：在没有观测的情况下，量子系统处于多种可能状态的叠加态。只有在观测发生时，波函数才会"坍缩"到一种确定的状态。

「延伸：这就带来了一个哲学上的困境，即观测在量子力学中究竟扮演了什么角色，为什么观测会导致叠加态的"坍缩"，也引发了关于现实、观测和存在本质的哲学讨论。」

粒子磁单极子（Particle Magnetic Monopole）

理论物理学中，磁单极子是假设的仅带有北极或南极的单一磁极的基本粒子，其磁感线分布类似于点电荷的电场线分布。更专业地说，这种粒子是一种带有一个单位"磁荷"（类比于电荷）的粒子。

磁单极子的存在性在科学界时有纷争。按照目前已被实验证实的物理学理论，磁现象是由运动电荷产生的，没有磁单极子，但数个尚未得到实验证实的超越标准模型的物理理论（如大统一理论和超弦理论）预测了磁单极子的存在，但截至 2019 年，尚未发现以基本粒子形式存在的磁单极子。磁单极子可以说是 21 世纪物理学界重要的研究主题之一。

非孤立的磁单极准粒子确实存在于某些凝聚态物质系统中，人工磁单极子已经被德国的一组研究者成功地制造出来。但它们并非假设的基本粒子。

海洋涡旋（Oceanic Eddies）

海洋涡旋是气象学中的一个重要概念，它指的是海洋中旋转的水流结构。这些涡旋可以分为两类：顺时针旋转的称为反气旋涡旋，逆时针旋转的称为气旋涡旋。海洋涡旋的直径通常在几十到几百千米之间，持续时间从几天到几个月不等。它们通过将热量、盐分和养分从一个地方运送到另一个地方，对海洋环境和气候变化起着重要作用。

海洋涡旋的研究可以追溯到 20 世纪初，当时科学家开始注意到海洋中存在一些异常的水流现象。特别是，美国海洋学家亨利·斯托默尔（Henry Stommel）和瑞典海洋学家瓦根·沃尔弗里德·埃克曼（Vagn Walfrid Ekman）在研究海洋流动与大气和海洋之间的相互作用时，发现了这些涡旋的存在和特性。

这些涡旋的形成通常是由于风、海洋流和海底地形的共同作用。风通过摩擦力对海洋表层施加作用力，引起水流的旋转。海洋涡旋不仅影响海洋内部的热量和物质输运，还能影响全球气候。例如，墨西哥湾流中的涡旋对北大西洋的气候有重要影响。

总的来说，海洋涡旋是理解海洋动态和气候变化的重要因素。通过研究这些涡旋，科学家能够更好地预测天气变化、了解海洋生态系统，并为应对全球气候变化提供科学依据。海洋涡旋不仅是自然界中的奇妙现象，也是科学研究的重要对象。

计算复杂性理论（Computational Complexity Theory）

计算复杂性理论是计算机科学的一个重要分支，主要研究解决问题所需资源的多少。简单来说，它回答了这样一个问题：计算机解决一个问题需要花费多少时间和空间？在日常生活中，我们常常用计算机来解决各种问题，比如搜索信息、排序数据等。计算复杂性理论帮助我们理解不同问题的难易程度，以及找到最有效的解决方法。

这个理论由美国数学家斯蒂芬·库克（Stephen

Cook）和俄罗斯数学家列昂尼德·列文（Leonid Levin）在20世纪70年代提出。他们提出了著名的P与NP问题，这个问题探讨了那些能在多项式时间内解答但可能无法在非确定性多项式时间内验证的问题。换句话说，P问题是指那些能快速解决的问题，而NP问题是指那些虽然解决起来可能很难但一旦有了解答，可以快速获得验证的问题。

起初研究计算复杂性理论主要是为了理解计算的极限，并寻找解决实际问题的最优算法。随着计算机技术的发展，科学家发现，不同的问题对计算资源的需求差异巨大。有些问题可以在几秒钟内解决，而有些问题可能需要数百年甚至更长时间。这种差异促使科学家深入研究问题的本质，提出了各种复杂性类（如P类、NP类、NP完全类等）来分类和分析问题的难度。

总的来说，计算复杂性理论是理解和优化计算机算法的重要工具。它不仅帮助科学家和工程师设计更高效的软件和硬件，还对密码学、人工智能和数据分析等领域有着深远的影响。通过研究计算复杂性，我们能够更好地掌握计算的力量，提升计算技术在各个领域的应用效率。

生成对抗网络（Generative Adversarial Networks）

生成对抗网络（简称 GANs）是一种深度学习模型，由伊恩·古德费洛等人在 2014 年提出。GANs 由两个神经网络组成：生成器和判别器。这两个网络通过相互对抗进行训练，从而生成高质量的数据。

生成器的任务是从随机噪声中生成假数据，试图欺骗判别器，使其认为这些假数据是真实的；而判别器的任务是区分真实数据和生成的数据。随着训练的进行，生成器不断改进生成数据的能力，判别器也不断提高辨别能力。最终，生成器可以生成与真实数据非常接近的高质量数据。

「延伸：例如，在图像生成领域，GANs 可以生成逼真的人脸、风景或其他物体图像；在艺术创作中，GANs 可以生成新的绘画、音乐和诗歌；在数据增强方面，GANs 可以用来生成额外的训练数据，提升机器学习模型的性能；在医学成像中，GANs 可以用于合成高质量的医学图像，辅助医生进行诊断。」

柔性神经电子学（Flexible Neuroelectronics）

柔性神经电子学是一种新兴技术，旨在开发能够与人体神经系统兼容的柔性电子设备。这些设备通常由柔软、可弯曲的材料制成,可以直接贴附在大脑或其他神经组织上,监测和刺激神经活动。这种技术的目标是提高神经疾病的诊断和治疗效果,如帕金森病、癫痫和脊髓损伤等。

柔性神经电子学的概念最早由几位科学家和工程师在 21 世纪初提出,其中包括约翰·A. 罗杰斯(John A. Rogers)和邓肯·格雷厄姆(Duncan Graham)。他们的研究起因是传统硬质电子设备在与柔软的生物组织接触时,往往会引起不适或损伤。为了克服这些问题,科学家开始探索使用柔性材料制作电子设备,从而实现更自然、更安全的神经接口。

这些柔性设备可以通过无线方式传输数据,极大地减少了对患者的干扰。例如,一种柔性脑电图设备可以长时间无创地记录大脑活动,帮助医生更准确地诊断和监测神经疾病。另一个应用是柔性神经刺激器,它可以直接贴附在脊髓上,帮助受伤患者恢复部分运动功能。

总的来说,柔性神经电子学为医学和神经科学带来了革命性的进步。它不仅提高了神经疾病的治疗效果,还为未来开发更复杂、更精细的神经接口奠定了基础。这一技术的不断发展,将进一步促进人类对大脑和神经系统的理解,开创医疗和健康护理的新篇章。

可持续计算(Sustainable Computing)

可持续计算是一种旨在减少计算技术对环境影响的实践和研究领域。它关注如何通过优化计算资源的使用、减少能源消耗和电子废物来实现环境的可持续性。可持续计算的理念由环保主义者和计算机科学家共同提出,以应对信息技术产业对能源和自然资源日益增长的需求。计算机科学家意识到,大规模的数据中心和日常电子设备消耗了大量的电力,并且这些设备的生产和废弃过程会产生大量的污染。因此,他们开始探索各种方法来提升计算效率,比如开发能效更高的硬件、改进软件算法以减少计算资源的浪费,以及推广云计算和虚拟化技术来优化资源分配。此外,使用可再生能源为数据中心供电,以及设计更环保的硬件也是可持续计算的重要组成部分。

相对论(Theory of Relativity)

这个关于时空和引力的理论主要由爱因斯坦创立,根据研究对象的不同分为狭义相对论和广义相对论。相对论与量子力学的提出,为物理学带来了革命性的变化，共同奠定了现代物理学的基础。相对论极大地改变了人类对宇宙和自然的传统观念，提出了"同时性的相对性""四维时空"和"弯曲时空"等全新概念。近年来，人们对物理理论的分类有了新的认识——根据理论是否是决定论来划分经典的与非经典的物理学，即"非经典的＝量子的"。在这个意义上，相对论仍然是一种经典的理论。

「延伸：相对论取代了200年前由牛顿创立的力学理论，深刻影响了20世纪的理论物理学和天文学。它引入了许多新的概念，包括时空、相对性的同时性、运动学、引力时间膨胀和洛伦兹收缩。在物理学领域，相对论改进了对基本粒子及其相互作用的理解，并推动了核时代的到来。此外，通过相对论，物理宇宙学和天体物理学能够预测中子星、黑洞和引力波等天文现象。」

狭义相对论（Special Relativity）

狭义相对论于1905年由爱因斯坦提出，解决了当时物理学中关于光速和电磁现象的矛盾。狭义相对论的两个核心假设是：1、物理定律在所有惯性参考系中都相同；2、光速在真空中对所有观察者来说都是恒定的，不受观察者运动状态的影响。这一理论带来了几个重要结果，包括时间膨胀、长度收缩和质能等价公式（$E=mc^2$）。时间膨胀指的是，运动物体的时间相对于静止观察者会变慢；长度收缩则是，运动物体的长度在运动方向上相对于静止观察者会变短；质能等价公式则表明，质量和能量可以相互转换，解释了核能和其他高能现象。

「延伸：有关狭义相对论的应用，①全球定位系统（GPS）：狭义相对论修正了卫星钟和地面钟之间的时间差异，以保证定位精度。卫星的高速运动导致时间膨胀效应，如果不考虑这些效应，GPS定位将会出现显著误差；②粒子加速器：在高能物理实验中，粒子加速器需要考虑狭义相对论的效应，因为粒子的速度接近光速。狭义相对论的公式帮助科学家预测粒子的行为和相互作用；③核能与核反应：质能等价公式解释了核反应中质量转换为能量的机制，是核能利用和核武器设计的理论基础。」

广义相对论（General Relativity）

广义相对论于1915年由爱因斯坦提出，扩展了狭义相对论，描述了引力作为时空弯曲的现象。广义相对论的核心思想是，物质和能量会导致时空弯曲，而这种弯曲的时空又会影响物体的运动轨迹。一个经典的例子是，地球绕太阳运动是因为太阳的巨大质量导致了周围时空的弯曲。广义相对论成功解释了水星轨道的异常现象、光线在引力场中的弯曲以及引力波的存在。2015年，LIGO实验首次直接探测到了引力波，这一发现进一步验证了广义相对论的预言。

「延伸：有关广义相对论的应用，①天文学和宇宙学：广义相对论解释了黑洞、中子星和引力波等天文现象。通过对引力波的探测，科学家验证了广义相对论的预言，并进一步了解宇宙中的极端环境；②引力透镜效应：在天文学中，广义相对论解释了光线在大质量天体引力场中的弯曲现象，即引力透镜效应。这一效应帮助天文学家观测远处的天体并研究暗物质的分布；③宇宙膨胀：广义相对论是标准宇宙学模型的基础，通过爱因斯坦场方程，科学家描述了宇宙从大爆炸到现在的演化过程，解释了宇宙膨胀现象。」

大爆炸理论（Big Bang）

宇宙大爆炸是描述宇宙起源的一种理论，最早由比利时天文学家乔治·勒梅特（Georges Lemaître）于1927年提出。这一理论认为，宇宙起源于一个极度致密和炽热的奇点，通过一次大爆炸事件迅速膨胀并演化成今天的宇宙。

根据大爆炸理论,大约在138亿年前,宇宙处于一个极小的奇点状态,温度和密度极高。在一次剧烈的爆炸中,宇宙开始迅速膨胀,温度逐渐降低。随着时间的推移,基本粒子开始形成,随后这些粒子结合形成氢和氦等最轻的元素。大约在大爆炸后38万年,宇宙冷却到足够的程度,使得光子可以自由传播,形成了今天我们可以观测到的宇宙微波背景辐射。

宇宙大爆炸理论的提出和发展有多项重要观测证据支持。首先,天文学家埃德温·哈勃(Edwin Hubble)在1929年通过观测星系红移,发现星系在远离我们而去,这表明宇宙正在膨胀;其次,1965年阿诺·彭齐亚斯(Arno Penzias)和罗伯特·威尔逊(Robert Wilson)发现了宇宙微波背景辐射,这是一种来自宇宙早期的微弱电磁辐射,证明了宇宙曾经处于高温高密状态。

量子力学(Quantum Mechanics)

量子力学是物理学的一门基础理论,是用来描述和解释微观粒子(如电子、光子、原子和分子)行为的科学。它的诞生可以追溯到20世纪初,主要由德国物理学家马克斯·普朗克(Max Planck)和爱因斯坦等科学家的研究成果推动。

量子力学的基本概念包括波粒二象性、量子态叠加和量子纠缠。波粒二象性指出，微观粒子既具有波动性，也具有粒子性。例如，光子既可以像波一样干涉，也可以像粒子一样被探测到。量子态叠加则表明，粒子可以同时处于多种状态，直到被观测时才会"坍缩"到某一特定状态。量子纠缠是指两个或多个粒子之间存在一种特殊的关联，即使它们相距甚远，一个粒子的状态变化会立即影响到另一个粒子。

「延伸：量子理论的重要应用包括宇宙学、量子化学、量子光学、量子计算、超导磁体、发光二极管、激光器、晶体管和半导体如微处理器等。」

弦理论（String Theory）

弦理论又称弦论，是发展中理论物理学的起点，是在量子力学及相对论、微积分等相对发展完善后，试图透过单一解释的系统统一物质和基本作用力的万有理论。弦理论的雏形于20世纪中叶后由加里布埃尔·韦内齐亚诺（Gabriele Veneziano）主张并提出，旨在统一描述自然界的基本粒子和力。与传统的粒子物理学模型不同，弦理论认为基本粒子不是点状的，而是由极其微小的一维弦构成。这些弦通过不同的振动模式，表现出不同粒子的性质。

「延伸：弦理论的重要性在于它试图解决量子力学与广义相对论之间的矛盾。传统上，量子力学和广义相对论分别描述微观和宏观世界，但二者在极端条件下（如黑洞或宇宙大爆炸）无法兼容。弦理论通过引入额外的维度（通常是十或十一维），提供了一种可能的途径，将这两大理论统一在一个框架内。」

黑洞信息悖论（Black Hole Information Paradox）

黑洞信息悖论是一个引人入胜的物理学难题，涉及黑洞和量子力学之间的冲突。这个悖论最早由著名物理学家斯蒂芬·霍金在 20 世纪 70 年代提出。根据爱因斯坦的广义相对论，黑洞是由大质量恒星坍缩形成的天体，它具有强大的引力，甚至连光都无法逃脱其引力范围。然而，霍金发现黑洞可以通过"霍金辐射"缓慢蒸发，最终消失。

黑洞信息悖论的核心问题在于，按照量子力学的原则，信息是不可以被彻底摧毁的。但是，如果黑洞最终蒸发消失，那么曾经落入黑洞的信息似乎也随之消失，这与量子力学相矛盾。这一悖论引发了科学界的广泛讨论和研究,科学家试图找到一个既能解释黑洞行为,又能遵循量子力学规律的理论。

解决这一悖论的尝试包括提出"全息原理",该理论认为,黑洞的所有信息其实被编码在事件视界(黑洞边界)上,虽然黑洞内部的物质和能量会消失,但信息却不会丢失。另一种理论是"防火墙假说",它提出黑洞事件视界附近存在一种高能量区域,可以摧毁所有进入黑洞的信息。

黑洞信息悖论不仅在理论物理学中具有重要意义,还为我们理解宇宙的基本规律提供了深刻的见解。通过研究这一悖论,科学家希望揭示量子力学和广义相对论之间的更深层次的联系,甚至可能找到一条通向量子引力理论的道路。

图灵机(Turing Machine)

图灵机是一种抽象计算模型,由英国数学家艾伦·图灵(Alan Turing)于1936年提出。它是计算理论中的一个核心概念,用来定义什么是可计算的。

图灵机的概念非常简单但功能强大。它由一个无限长的纸带、一组符号、一个读写头和一个控制装置组成。

纸带分为一个个方格，每个方格可以包含一个符号，读写头可以在纸带上左右移动，读取或修改方格中的符号。控制装置包含一种有限的状态集合和一组规则，这些规则决定了在每种状态下读写头读取到不同符号时应执行的操作，以及下一步转移到哪种状态。

尽管图灵机看起来非常基础，但它能够模拟任何现代计算机的逻辑操作，因而被称为通用图灵机。图灵机不仅为现代计算机科学奠定了基础，还在人工智能、算法分析和可计算性理论等领域具有重要影响。

「延伸：图灵提出图灵机是为了回答数学界的一些重要问题，例如"什么是可计算的问题"，他的工作展示了某些问题是无法通过任何算法解决的，这一发现深刻地影响了计算理论的发展。图灵机概念的提出标志着计算机科学的诞生，并引发了随后几代计算机的发展和进步。」

图灵测试（Turing Test）

图灵测试是由英国计算机科学家艾伦·图灵于1950年提出的一种用于判断机器是否具有人类智能的方法。图灵测试的基本思想是，如果一台机器能够在对话中表现得与人类无异，那么它就可以被认为具有人类智能。

图灵测试的具体实施方式如下：测试者与一个人和一台机器通过文本终端进行对话，测试者无法看到或听到对方，只能通过文字进行交流。测试的目的是让测试者在一段时间内无法区分哪一方是人类，哪一方是机器。如果测试者无法做出正确判断或误将机器当成人类，那么这台机器就通过了图灵测试。

「延伸：图灵测试的提出背景是图灵希望回答"机器能思考吗"这个哲学问题。他认为，通过观察机器在自然语言交流中的表现，可以有效评估其智能水平。尽管图灵测试在现代人工智能研究中存在争议和局限性，但它对人工智能的早期发展起到了重要推动作用，并且依然是讨论机器智能的重要参照点。」

生命的起源理论（Theories of the Origin of Life）

生命的起源理论是科学家为了解释地球上生命如何开始的一系列假说。最著名的几种理论包括原始汤理论、深海热泉理论和RNA世界假说。

原始汤理论由亚历山大·奥帕林（Alexander Oparin）和 J. B. S. 赫尔丹（J. B. S. Haldane）在20世纪20年代提出，他们认为地球早期的海洋中充满了简单的有机分子，通过闪电和紫外线的能量，这些分子逐渐形成了复杂的生命前体。1953年，米勒-尤里实验通过模拟原始地球环境，成功合成氨基酸，支持了这一理论。

深海热泉理论则提出生命可能源于海洋深处的热液喷口，这些地方富含化学物质和能量。科学家在这些环境中发现了极端微生物，表明生命可以在极端条件下生存和形成。

RNA世界假说则认为，早期生命的遗传物质可能是RNA而非DNA。RNA不仅可以存储遗传信息，还能催化化学反应，可能是早期生命的重要分子。这个假说由分子生物学家卡尔·沃斯（Carl Woese）在20世纪60年代提出。

「延伸：起初这些理论的研究源于人类对生命起源的好奇心，希望揭示我们从哪里来。虽然目前没有一种理论被完全证实，但它们为我们提供了不同的视角，帮助理解生命的起源过程。科学家通过不断实验和观测，继续探索这些理论，期待最终揭开生命起源的神秘面纱。」

孪生素数猜想（Twin Prime Conjecture）

孪生素数猜想是一个简单但深奥的数学问题。它提出在无限的自然数中，是否存在无穷多个孪生素数对。孪生素数是指两个素数相差为 2 的一对，例如 3 和 5、11 和 13、17 和 19 等。这个猜想最早由古希腊数学家欧几里得在其著作《几何原本》中提及，但正式提出这一猜想的是 20 世纪中期的德国数学家保罗·埃尔德什（Paul Erdős）和塔尔贝格·古德施泰因（Thalberg Goodstein）。

这一猜想的起因是数论中对素数分布规律的研究，尽管素数之间的间隔会越来越大，但孪生素数似乎在数列中不断出现。许多数学家尝试证明或反驳这一猜想，但迄今为止，还没有人能够完全做到。2013 年，中国数学家张益唐（Yitang Zhang）在这方面取得了重要突破，他证明了存在无限多个素数对，它们之间的差值不超过 7000 万，这为孪生素数猜想的研究带来了新的希望。

孪生素数猜想不仅是数学界的重要问题之一，也是一个能引发广泛兴趣和讨论的猜想，因为它看似简单，但背后隐藏着深刻的数学奥秘。科学家仍在继续努力，希望有一天能够揭开这一猜想的谜底。

哥德尔不完备定理（Gödel's Incompleteness Theorems）

哥德尔不完备定理是数学和逻辑学中的一个重要理

论，由奥地利数学家库尔特·哥德尔（Kurt Gödel）在1931年提出。这个定理有两个主要部分。首先，哥德尔证明在任何包含基本算术的形式系统中，如果系统是自洽的，那么在该系统中就存在无法被证明或证伪的陈述。换句话说，这个系统中必然存在一些真命题是无法通过系统本身的规则证明的。其次，哥德尔进一步证明，如果系统是自洽的，它无法证明自己的自洽性。

哥德尔不完备定理的起因是数学家希望找到一个完美的数学体系，能够证明所有数学命题的真伪。20世纪初，戴维·希尔伯特（David Hilbert）提出了著名的希尔伯特计划，旨在建立一个完备且一致的数学公理系统。然而，哥德尔的定理证明了这一目标是不可能实现的。这一发现对数学、逻辑学和哲学产生了深远影响，揭示了数学系统内在的局限性。

「延伸：哥德尔的不完备定理不仅在理论上极具重要性，也引发了对人类认知能力和计算机科学的深刻思考。它告诉我们，任何复杂的系统都有其无法解决的问题，这种局限性是系统本身的特性，而非我们思维能力的缺陷。这一理论既神秘又引人入胜，为我们理解世界的复杂性提供了新的视角。」

柏拉图的五个凸体（Platonic Solids）

柏拉图的五个凸体是几何学中的经典形状，它们是五种规则的凸多面体，每个面都是相同的正多边形。柏拉图在公元前4世纪的对话《蒂迈欧篇》中描述了这些几何体，并将它们与自然界的基本元素联系起来。五个凸体分别是正四面体、正六面体（也称正方体）、正八面体、正十二面体和正二十面体。

正四面体由四个正三角形组成，柏拉图将其与火元素联系起来。正六面体有六个正方形面，被关联到土元素；正八面体由八个正三角形面组成，对应气元素；正十二面体由十二个正五边形面组成，柏拉图认为它代表了以太，构成了宇宙的形状；正二十面体有二十个正三角形面，与水元素相对应。

这些几何体的共同特点是每个面、每条边和每个顶点都是相同的。柏拉图的五个凸体的对称性和美丽吸引了古代和现代数学家的关注。虽然柏拉图并不是这些几何体的发明者，但他是第一个系统地将它们与自然界基本元素联系起来的人，这一联系在他的哲学体系中具有重要意义。柏拉图的五个凸体不仅在数学和几何学中有重要地位，还在艺术和建筑中被广泛应用，象征着和谐美丽的完美形态。这些几何体展示了自然界和数学之间深刻的联系，让我们感受到数学的神秘和美妙。

孤子（Soliton）

孤子是一种特殊的波，它在传播过程中不会改变形状或速度。孤子的概念最早由苏格兰工程师约翰·斯科特·罗素（John Scott Russell）在 1834 年发现。当时，罗素在观察运河上的船只时，发现了一种独特的水波，这种波能够长时间保持其形状和速度，甚至在传播很远的距离后仍然如此。他称这种现象为"孤立波"，也就是今天的"孤子"。

孤子不仅出现在水波中，还广泛存在于其他物理系统中，如光纤通信、等离子体和量子场论等。在光纤中，孤子可以用来传输信息，因为它们不会像普通光波那样在传播过程中变形或衰减，可以实现高速和高效的数据传输。

孤子的研究源于对非线性波动的兴趣，这些波动在许多自然现象中都能观察到。数学家和物理学家通过研究孤子，揭示了非线性系统中一些奇特而稳定的波动行为。孤子的发现和研究不仅在理论物理学和数学中具有重要意义，也在现代技术应用中发挥了关键作用，如光纤通信技术的进步。

孤子的特性让人感到神奇，因为它们在复杂的非线性环境中仍能保持稳定。这种现象展示了自然界中隐藏的规律和对称性，让我们更深刻地理解波动和动力学系统的本质。孤子的研究仍在继续，科学家仍在不断探索其应用和潜在的技术革新。

兰道-拉马努金数（Landau-Ramanujan Number）

兰道-拉马努金数是一种有趣且神秘的数学现象，它描述了哪些数可以表示为两个平方数之和。具体来说，兰道-拉马努金数是指能够写成 a^2+b^2 的正整数，其中 a 和 b 都是整数。这个现象的研究起源于德国数学家埃德蒙·兰道（Edmund Landau）和印度数学天才斯里尼瓦瑟·拉马努金（Srinivasa Ramanujan），他们在 20 世纪初期对数论的研究中发现了这个特性。

兰道-拉马努金数的研究源于数论中对整数分解性质的探讨。拉马努金通过直觉和非传统的方法，发现了许多关于数的深奥规律，而兰道则通过严格的数学证明，进一步确认和推广了这些规律。他们的工作揭示了许多数都可以通过这种简单的方式表示出来，这在数学中具有重要意义。

「延伸：兰道-拉马努金数不仅展示了数论中的美妙对称性，也为我们理解数的结构提供了新的视角。例如，25可以表示为3^2+4^2，而29则不能表示为两个平方数之和。这个特性不仅在数学理论中有趣，还在密码学和计算机科学中有实际应用。」

柯尔莫哥洛夫复杂性理论（Kolmogorov Complexity Theory）

柯尔莫哥洛夫复杂性理论是一种用于量化信息内容复杂性的理论，由俄罗斯数学家安德烈·柯尔莫哥洛夫（Andrey Kolmogorov）在20世纪60年代提出。这个理论的核心思想是衡量一段信息的复杂性，可以通过描述生成这段信息的最短计算机程序的长度来定义。换句话说，信息越复杂，生成它的最短程序就越长。

柯尔莫哥洛夫复杂性理论源于对信息论和计算理论的研究。在信息论中，人们希望找到一种方法来衡量信息的内容和复杂性，而柯尔莫哥洛夫复杂性提供了一种精确的方法来进行这种衡量。柯尔莫哥洛夫通过将信息和算法联系起来，提出了这个革命性的概念，极大地推动了理论计算机科学的发展。

这个理论在许多领域有广泛的应用，例如数据压缩、密码学和随机性测试等。通过柯尔莫哥洛夫复杂性，我们可以确定数据是否包含某种模式或是否真正随机。例如，一个纯随机数列的柯尔莫哥洛夫复杂性会非常高，因为生成它的程序几乎和数列本身一样长。

柯尔莫哥洛夫复杂性理论不仅为我们理解信息和计算提供了新的视角，也揭示了计算过程中的本质规律。这一理论展示了计算机科学和信息论中深刻的数学美，让我们更好地理解了复杂性和随机性的本质。柯尔莫哥洛夫的贡献在信息科学和计算机科学中占据了重要地位，成为这些领域的基石之一。

编辑距离（Levenshtein Distance）

编辑距离是一种用于衡量两个字符串之间差异的算法。它计算的是将一个字符串转换成另一个字符串所需的最小编辑操作次数，这些操作包括插入、删除或替换一个字符。编辑距离由俄罗斯科学家弗拉基米尔·莱文斯坦（Vladimir Levenshtein）在 1965 年提出，故又称为莱文斯坦距离。

编辑距离的研究源于信息论中的错误检测和纠正问题。莱文斯坦希望找到一种方法来量化两个字符串的相似度，从而能够有效地检测和纠正数据传输中的错误。

这一算法在字符串比较、拼写检查、DNA 序列分析等领域有着广泛的应用。例如，在拼写检查中，编辑距离可以帮助找出与输入单词最接近的词，从而建议正确的拼写。

该算法的基本原理是通过动态规划来逐步计算出最小编辑距离。具体来说，它构建一个矩阵，其中每个单元格表示从一个字符串的某一部分到另一个字符串相应部分的编辑距离。最终，矩阵的最后一个单元格就是两个字符串之间的莱文斯坦距离。

「延伸：编辑距离是一种简单而强大的工具，用于衡量字符串之间的差异。它不仅在计算机科学和生物信息学中有重要应用，也在日常生活中帮助我们解决了许多实际问题，如拼写纠错和信息匹配。通过这一算法，我们能够更好地理解和处理字符串数据，从而提升数据处理的精确度和效率。」

意大利面定理（Spaghetti Theorem）

意大利面定理是一个有趣的数学定理，主要研究的是在三维空间中弯曲的曲线。这一理论得名于意大利面，因为它探讨了类似于意大利面条的细长物体在空间中的行为。该定理最早由美国数学家约翰·米尔诺（John Milnor）在 20 世纪 50 年代提出，他研究了拓扑学中关于结和曲线的性质。

意大利面定理的核心思想是,在三维空间中,任何一条闭合的弯曲曲线,如果没有自相交点,就可以通过适当的变形变成一个标准的圆圈。这意味着,即使一条曲线看起来非常复杂,只要它没有打结,我们总能将它拉直成一个圆。这一发现对拓扑学的研究有重要意义,因为它帮助数学家理解和分类空间中的复杂曲线和结。

米尔诺的研究源于对拓扑学中基本问题的探讨,他希望通过研究三维空间中的曲线来揭示更多关于空间结构的性质。意大利面定理不仅在理论上具有重要价值,还在实际应用中有很多潜在用途。例如,在分子生物学中,理解 DNA 和蛋白质等分子的空间结构非常重要,而这些分子常常以复杂的曲线形式存在。

总的来说,意大利面定理是一个简单但深刻的数学概念,它揭示了三维空间中曲线的基本性质。通过这一定理,我们可以更好地理解空间中的复杂结构,这不仅丰富了拓扑学的理论体系,也为其他科学领域提供了新的视角和工具。

哈肯连续统假设(Continuum Hypothesis)

哈肯连续统假设是一个重要的数学猜想,由德国数学家格奥尔格·康托尔（Georg Cantor）在19世纪末提出。这个假设涉及集合论中的基数问题，具体来说，它讨论了实数集（连续统）与自然数集之间是否存在一个基数介于二者之间的集合。换句话说，哈肯连续统假设认为，没有一种集合的大小是严格介于可数无限集合（自然数集合）和不可数无限集合（实数集合）之间的。

康托尔在研究无穷集合时发现了不同类型的无穷大小，并定义了基数的概念。可数无限集合的基数称为阿列夫零（$\aleph_0$），而实数集合的基数被称为连续统（c）。哈肯连续统假设提出，实数集合的基数是阿列夫一（$\aleph_1$），即实数集合是最小的不可数无限集合。

哈肯连续统假设源于康托尔对无穷集合和基数的深刻研究，他希望通过这一假设来进一步理解和分类无穷集合的大小。然而，这一假设至今未被证明或证伪。20世纪初，德国数学家戴维·希尔伯特将哈肯连续统假设列为他著名的23个数学难题之一，进一步引发了数学家的广泛关注。

20世纪中期，库尔特·哥德尔和保罗·科恩（Paul Cohen）分别证明了哈肯连续统假设在传统的集合论公理体系中既无法证明也无法否定。这意味着哈肯连续统假设在集合论公理体系中是独立的，既可能为真，也可能为假，这为集合论和数学基础的研究提供了新的视角。

哈肯连续统假设是数学史上的一个重要猜想，它揭示了关于无穷集合的深刻问题。尽管尚未解决，这一假设激发了数学家对集合论和基数理论的深入研究，推动了数学基础理论的发展。

离散对数问题（Discrete Logarithm Problem）

离散对数问题是一个重要的数学问题，在密码学中有广泛应用。这个问题的基本思想是：给定一个素数 p、一个生成元 g 和一个数 h，找出一个整数 x，使得 $g^x \equiv h \mod p$。简单来说，就是在有限域中求解指数运算的逆运算，即找到使得 g 的 x 次幂等于 h 的 x 值。

离散对数问题源于对数论和群论的研究，特别是在有限域上的计算。虽然具体的发明人或发起人难以追溯，但这个问题在 20 世纪 70 年代因其在密码学中的重要性而引起广泛关注。特别是，随着公开密钥加密系统的兴起，离散对数问题成为构建安全加密算法的核心基础之一。

1976 年，惠特菲尔德·迪菲（Whitfield Diffie）和马丁·赫尔曼（Martin Hellman）在他们的开创性论文中提出了迪菲-赫尔曼密钥交换协议,该协议依赖于离散对数问题的难解性来确保安全性。这个协议使得两方可以在不共享秘密的情况下生成一个共享密钥,从而极大地推动了现代密码学的发展。

离散对数问题之所以在密码学中如此重要,是因为它在有限域中被认为是一个难解的问题,类似于因数分解问题的难度。也就是说,虽然计算 $g^x \bmod p$ 相对容易,但找到给定 g 和 h 的 x 则极其困难,这种单向性的特性使得它非常适合用于加密算法。

总的来说,离散对数问题是密码学中的一个基石,它在保障数字通信安全方面发挥了关键作用。通过研究这一问题,科学家不仅提升了加密技术的安全性,还推动了数论和计算数学的发展。

拉莫尔检验(Larmor Precession)

拉莫尔检验是一个在物理学中描述磁矩在外磁场作用下旋转行为的重要概念。它得名于爱尔兰物理学家约瑟夫·拉莫尔(Joseph Larmor),他在 19 世纪末首次提出这一理论。拉莫尔检验具体描述了一个带有磁矩的粒子(如电子或质子)置于外部磁场中时,其磁矩会围绕磁场方向进行进动,这种进动运动的频率被称为拉莫尔频率。

拉莫尔检验源于对原子和分子中磁性行为的研究。在外部磁场的作用下，粒子的磁矩受到一个力矩，导致其磁矩围绕磁场方向旋转。这个旋转运动类似于陀螺在重力作用下围绕垂直方向进动运动。拉莫尔检验不仅在理论物理中具有重要意义，还在核磁共振（NMR）和磁共振成像（MRI）等实际应用中得到了广泛应用。

NMR 利用拉莫尔检验原理，通过施加外部磁场并测量原子核磁矩的进动频率，可以获取物质的化学和物理性质信息。MRI 则利用这一技术生成人体内部结构的详细图像，成为现代医学诊断中不可或缺的工具。

「延伸：拉莫尔检验是理解和应用磁性行为的关键理论之一。它不仅揭示了粒子在外部磁场中的基本运动规律，还为 NMR 和 MRI 等重要技术提供了理论基础。通过这一理论，我们能够更好地理解物质的磁性性质，并将其应用于科学研究和医学诊断等领域。」

时间晶体（Time Crystals）

时间晶体是一种奇特的新物质状态，最早由诺贝尔物理学奖得主弗朗克·维尔切克（Frank Wilczek）在 2012 年提出。传统晶体，如盐或钻石，其原子在空间上按周期性排列,而时间晶体则是在时间上具有周期性变化的结构。简而言之,时间晶体的物质状态会随着时间周期性地重复自身,而不需要外界的能量输入。

时间晶体的概念源于物理学家对对称性破缺的研究。在正常情况下,物质在达到最低能量状态时应该是静止的,但维尔切克提出了一种可能性,即物质在最低能量状态下也可以在时间上周期性地运动。这一想法挑战了我们对物质和时间的传统认识。

2016年,哈佛大学的物理学家诺曼·雅奥(Norman Yao)和他的团队提出了一种可行的实验方案来创造时间晶体,并且在2017年,两个独立的实验团队(一个由加州大学伯克利分校领导,另一个由马里兰大学领导)成功地在实验室中观察到了时间晶体的存在。他们利用超冷原子和离子来实现了这种时间上的周期性结构。

「延伸:时间晶体的发现不仅在基础物理学中具有重要意义,还可能对未来的技术应用产生深远影响。例如,它们可能在量子计算和精密时间测量等领域中找到应用。总的来说,时间晶体为我们揭示了自然界中尚未探索的领域,展示了时间和物质之间的新奇关系。通过进一步研究时间晶体,科学家希望能更深入地理解时间的本质和量子物理的奥秘。」

广义加法定理（Generalized Addition Theorem）

广义加法定理是数学中一个重要的概念，主要用于描述不同集合之间的关系和运算。这个定理在概率论和组合数学中有着广泛的应用，它帮助我们理解如何计算多个事件的联合概率或联合集合的大小。

广义加法定理的基本思想是，如果你有多个事件或集合，它们之间可能有交集，那么计算它们的联合概率或联合大小时，需要减去这些交集的重复计数。简单来说，这个定理告诉我们如何正确地合并多个集合的元素而不重复计算。

这个定理可以追溯到18世纪，由法国数学家皮埃尔－西蒙·拉普拉斯和德国数学家棣美弗（Abraham de Moivre）等人独立提出。他们在研究概率论时，发现了如何处理多个事件的联合概率问题，并系统地发展了这一理论。

「延伸：广义加法定理在生活中非常有用。例如，当我们计算多个事件发生的概率时，这些事件可能并不互斥，有些事件可能同时发生。这时，广义加法定理帮助我们避免重复计数，从而准确计算出总体概率。同样，在统计学中，这一理论用于处理重叠的数据集，确保统计结果的准确性。」

本体论（Ontology）

本体论是哲学的一个重要分支，专门研究存在和存在的本质。它试图回答一些最基本的问题，比如"什么是存在""什么样的事物是真实存在的"以及"事物的本质是什么"。本体论的核心是理解和分类存在的各种形式和类别，探讨它们之间的关系。

本体论的概念可以追溯到古希腊哲学家亚里士多德，他在《形而上学》中首次系统地探讨了存在的本质和类别。亚里士多德提出的"实体"概念成为本体论研究的基础，他认为实体是最基本的存在，其他所有事物都依赖于实体。

本体论在中世纪哲学中得到了进一步的发展，特别是托马斯·阿奎那（Thomas Aquinas）等基督教哲学家，他们结合了亚里士多德的思想和基督教教义，探讨了神、灵魂和存在的关系。到了20世纪，随着分析哲学的兴起，本体论再次成为哲学研究的热点，哲学家通过逻辑分析和语言哲学的方法，进一步深入探讨了存在的本质和类别。

「延伸：本体论不仅在哲学中占有重要地位，还在计算机科学和信息科学中有广泛应用。例如，在人工智能和数据库设计中，本体论被用来创建系统化的知识分类和关系模型，帮助机器理解和处理复杂的信息。本体论是一个探索存在和本质的深刻领域，通过理解和分类存在的各种形式和关系，我们能够更好地理解世界的结构和本质。这一领域的研究不仅丰富了哲学的理论体系，也为其他学科提供了重要的理论支持。」

贝叶斯网络（Bayesian Network）

贝叶斯网络是一个用于表示和分析变量之间概率关系的图形模型。它由美国统计学家朱迪亚·珀尔（Judea Pearl）在20世纪80年代提出。贝叶斯网络以有向无环图（DAG）的形式出现，其中每个节点代表一个随机变量，边表示这些变量之间的条件依赖关系。贝叶斯网络的核心思想是利用贝叶斯定理，通过已知数据推断未知概率。

贝叶斯网络源于对复杂系统中不确定性问题的研究。珀尔希望找到一种有效的方法来表示和计算变量之间的概率关系，从而处理不确定性和进行推理。他的研究结合了概率论和图论，提出了这种图形化的概率模型，大大简化了复杂系统中概率计算的难度。

贝叶斯网络在许多领域有广泛应用，例如医学诊断、故障检测、风险评估和人工智能等。例如，在医学诊断中，贝叶斯网络可以通过已知症状推断潜在疾病的概率，从而帮助医生做出更准确的诊断；在人工智能中，它用于机器学习和决策支持系统，通过学习数据中的概率关系来做出智能决策。

贝叶斯网络是一种强大的工具，用于表示和计算复杂系统中的概率关系。它不仅在理论上具有重要意义，还在实际应用中展示了强大的实用性。通过贝叶斯网络，科学家和工程师可以更好地理解和处理不确定性，它为各个领域的决策和推理提供了有力支持。

斯特恩 – 格拉赫实验（Stern-Gerlach Experiment）

斯特恩 – 格拉赫实验是量子物理学中一个重要且经典的实验，它由德国物理学家奥托·斯特恩（Otto Stern）和瓦尔特·格拉赫（Walther Gerlach）在 1922 年首次进行。这个实验揭示了量子粒子的内禀角动量（即自旋）具有离散的取值。

实验的基本设计是将一束银原子通过一个非均匀磁场。当银原子通过这个磁场时，磁场会对银原子的磁矩施加力，使得它们偏转。经典物理学预测，银原子会在屏幕上形成一个连续的分布。然而，实验结果却显示，银原子在屏幕上只形成了两个离散的斑点。这表明银原子的自旋只能取两个特定的取值（即"向上"或"向下"）。

斯特恩-格拉赫实验的起因是为了验证量子力学中的自旋概念。这个实验的结果不仅证实了自旋的量子性质，还为后来的量子力学发展提供了重要的实验依据。它展示了量子系统的基本性质，即某些物理量只能取离散值，而不是连续的。

斯特恩-格拉赫实验对量子物理学的发展具有深远影响。它揭示了微观粒子具有内禀角动量（自旋）的量子特性，直接支持了玻尔和海森堡等人提出的量子力学理论。此外，这个实验也是量子测量理论的重要基石，为理解量子态的测量和坍缩提供了实验依据。

斯特恩-格拉赫实验是量子物理学中的一座里程碑。通过这个简单但深刻的实验，科学家得以揭示量子世界的奇特性质，它为我们理解微观世界的行为提供了关键的实验证据。

偏微分方程（Partial Differential Equations）

偏微分方程是数学中用于描述多变量函数关系的一类方程。与普通微分方程不同，偏微分方程涉及两个或更多个独立变量的偏导数。这些方程在描述自然现象和工程问题中具有重要应用，如热传导、波动、流体力学和量子力学等。

偏微分方程的研究起源可以追溯到17世纪，著名数学家如牛顿和戈特弗里德·莱布尼茨在发展微积分时，开始探讨如何用数学方程描述自然界的变化。18世纪，瑞士数学家莱昂哈德·欧拉（Leonhard Euler）和法国数学家约瑟夫·傅里叶（Joseph Fourier）进一步发展了这一领域。傅里叶通过研究热传导问题，引入了傅里叶级数和傅里叶变换，为解决偏微分方程提供了强有力的方法。

偏微分方程广泛用于建模和分析各种物理现象。例如，热传导方程描述了热量在物体中的扩散过程；波动方程描述了波在介质中的传播；纳维－斯托克斯方程描述了流体的运动。解决这些方程可以帮助我们理解和预测自然界中的复杂行为。

尽管偏微分方程在科学和工程中有广泛应用，但它们的解析解（精确解）往往难以找到。因此，数学家和工程师开发了许多数值方法，如有限差分法和有限元法，以近似求解这些方程。这些方法在计算机的帮助下，可以有效地处理复杂的偏微分方程。

偏微分方程是理解和描述多变量系统动态行为的重要工具。它们不仅在理论研究中具有重要意义，还在实际应用中发挥着关键作用，通过这些方程，我们可以更好地解释和预测自然现象，从而推动科学和技术的发展。

黎曼-曼戈尔特定理（Riemann-Mangoldt Theorem）

黎曼-曼戈尔特定理是数论中的一个重要结果，与黎曼猜想密切相关。这个定理由德国数学家黎曼和汉斯·冯·曼戈尔特（Hans Von Mangoldt）在19世纪提出。它主要描述了黎曼 ζ 函数的非平凡零点的分布情况。

黎曼 ζ 函数是一个非常重要的复变函数，定义为 $\zeta(s) = \Sigma(1/n^s)$（对所有正整数 n 求和，其中 s 是复数）。黎曼在其著名的1859年论文中提出，所有非平凡零点（即不为负偶数的零点）都位于复平面上实部为 1/2 的直线上，这就是著名的黎曼猜想。虽然黎曼猜想至今未被证明，但黎曼-曼戈尔特定理提供了关于这些零点分布的重要信息。

黎曼-曼戈尔特定理指出，在一定范围内，黎曼 ζ 函数的非平凡零点的数量可以用一个公式近似计算，这个公式涉及零点的对数增长。具体来说，这个定理给出了一个关于 ζ 函数在复平面上非平凡零点的平均分布情况的精确公式。曼戈尔特在 1895 年通过严格的数学证明，完善了黎曼的初步想法，使这一定理成为数论中的重要工具。

这一定理源于对素数分布的深入研究。黎曼 ζ 函数和其零点与素数的分布有着深刻的联系，通过研究 ζ 函数的性质，数学家能够更好地理解素数的分布规律。

范畴论（Category Theory）

范畴论是数学中的一个重要领域，旨在研究数学结构及其之间的关系。范畴论由美国数学家塞缪尔·艾伦伯格（Samuel Eilenberg）和桑德斯·麦克兰恩（Saunders Mac Lane）在 20 世纪 40 年代创立。这个理论通过抽象的方式，提供了一种统一和广泛的框架来描述和分析各种数学概念和构造。

在范畴论中，基本概念是"范畴"。一个范畴由"对象"和"态射"组成。对象可以是任何数学实体，比如集合、群、空间等，而态射则是对象之间的映射或变换。范畴论的核心思想是研究这些对象和态射之间的关系，而不是对象本身的内部结构。

范畴论源于对代数拓扑学中同伦论问题的研究。艾伦伯格和麦克兰恩在研究过程中发现，可以通过抽象的范畴结构更好地理解和处理这些复杂的问题。他们的工作展示了范畴论在统一不同数学领域方面的强大力量，使其成为现代数学的一个基础工具。

「延伸：范畴论不仅在纯数学中有广泛应用，还在计算机科学、逻辑学和理论物理学中发挥重要作用。例如，在计算机科学中，范畴论用于研究程序语言的语义，帮助理解和设计更安全和高效的编程语言；在逻辑学中，范畴论提供了一种形式化工具，用于研究不同逻辑系统之间的关系。范畴论通过一种高度抽象的方式，提供了一个统一的框架来描述和分析数学中的各种结构和关系。这不仅丰富了数学理论的体系，还为其他科学领域提供了强大的工具和方法，推动了这些领域的发展。」

盖尔范德理论（Gelfand Theory）

盖尔范德理论是数学中的一个重要分支，主要研究复代数的结构及其在泛函分析中的应用。这个理论由苏联数学家伊斯雷尔·盖尔范德（Israel Gelfand）在 20 世纪中期创立。盖尔范德通过引入一种新的视角，极大地丰富了我们对代数和分析之间关系的理解。

盖尔范德理论的核心思想是将复代数与拓扑空间联系起来。具体来说，这个理论研究了一个复代数的极大理想空间，即所谓的盖尔范德空间。通过这种方法，盖尔范德将代数问题转化为拓扑问题，从而能够利用拓扑学的工具和方法来解决代数问题。这种方法不仅在理论上具有深远意义，还在实际应用中展示了强大的实用性。

盖尔范德理论源于对泛函分析中 C*- 代数的研究。盖尔范德发现，通过研究这些代数的极大理想空间，可以获得关于代数本身的重要信息。这个理论的重要贡献之一是盖尔范德 - 奈玛克定理，该定理表明每个 C*- 代数都同构于某个连续函数代数，这一结果在数学和物理学中都有广泛应用。

「延伸：盖尔范德理论不仅在数学中具有重要地位，还在量子力学、统计物理和控制理论等领域有着广泛的应用。例如，在量子力学中，盖尔范德理论帮助我们理解量子状态和观察量之间的关系；在控制理论中，它为研究复杂系统的稳定性提供了强有力的工具。盖尔范德理论通过将代数和拓扑学联系起来，为我们提供了一种全新的研究视角。通过这一定理，我们能够更好地理解和解决代数和分析中的复杂问题，从而推动数学及其应用领域的发展。」

迭代函数系统（Iterated Function System）

迭代函数系统（IFS）是一种用于生成分形图形的数学方法。它通过重复应用一组简单的函数，将初始图形变得越来越复杂，最终形成具有自相似性的分形。这个概念由美国数学家约翰·哈钦森（John Hutchinson）在1981年提出。

迭代函数系统的基本思想是，通过多次应用一组收缩映射，将一个图形变换成多个较小的部分，每个部分都是整体的缩小版。这些映射可以是线性变换、旋转、缩放和平移等。通过反复应用这些映射，系统最终会收敛到一个稳定的分形图形。这个过程展示了复杂图形如何从简单规则中生成。

迭代函数系统源于对分形几何的研究。分形几何是研究具有自相似性和复杂结构的几何形状的数学分支。哈钦森的工作为创建和理解这些复杂图形提供了一种系统的方法。

「延伸：IFS 不仅在理论数学中有重要意义，还在计算机图形学、自然景观模拟和压缩技术中有广泛应用。例如，通过简单的数学规则和反复应用这些规则，IFS 展示了如何从简单到复杂，生成具有自相似性的美丽图案。这不仅丰富了数学的理论体系，也为艺术和科学提供了新的创作和研究方法。」

可计算性理论（Computability Theory）

可计算性理论研究的是哪些数学问题可以通过算法解决，以及这些问题能否在有限时间内得到解答。这个理论的基础由英国数学家艾伦·图灵在20世纪30年代奠定，他被认为是计算机科学的奠基人之一。

可计算性理论的核心概念是"图灵机"，这是一种抽象的计算模型，用于模拟任何算法的执行过程。图灵通过定义图灵机，提出了一个标准来判断问题是否可计算。如果一个问题可以用图灵机在有限步骤内解决，那么这个问题就是可计算的。否则，这个问题就是不可计算的。

这一理论源于回答数学中哪些问题可以被算法自动化解决。20世纪初，数学家戴维·希尔伯特提出了著名的23个数学问题，其中之一是关于数学是否存在一套完备且一致的公理系统，可以自动化地解决所有数学问题。图灵的研究表明，存在一些问题是任何算法都无法解决的，这揭示了数学和计算的内在局限性。

可计算性理论不仅在理论计算机科学中具有重要地位，还在实际应用中发挥着关键作用。它帮助我们理解计算的极限，指导计算机程序的设计，并为密码学、人工智能等领域提供理论基础。

数学的可计算性理论通过定义什么是可计算的问题，揭示了算法和计算的基本性质。通过这一理论，我们不仅了解了哪些问题可以被计算机解决，还认识到了一些问题的固有复杂性和不可计算性。这为计算机科学的发展奠定了重要的理论基础，也丰富了我们对数学世界的理解。

刚体动力学（Rigid Body Dynamics）

刚体动力学是物理学中的一个分支，研究不变形物体在外力作用下的运动行为。刚体假设是理想化的，即物体内部各部分间的距离在运动过程中保持不变。刚体动力学广泛应用于工程、机械、航空航天等领域，帮助我们理解和预测物体的运动。

刚体动力学的基础由牛顿在 17 世纪奠定，他通过三大运动定律和引力定律，描述了物体在外力的作用下的运动。之后，约瑟夫·拉格朗日（Joseph Lagrange）和莱昂哈德·欧拉在 18 世纪进一步发展了这一理论，特别是欧拉提出的欧拉方程，用于描述刚体的旋转运动。

刚体动力学的核心在于两个主要方程：牛顿第二定律和欧拉方程。牛顿第二定律 $F=ma$ 描述了力 F 和加速度 a 之间的关系，适用于刚体的平动运动。欧拉方程则描述了刚体的转动运动,指出角动量的变化率等于外力矩。

刚体动力学的研究源于对机械系统的需求,如早期的钟表和机械装置,以及后来的工业革命中的复杂机械。理解刚体如何在力的作用下运动,有助于设计更有效率的机械和结构。

在实际应用中,刚体动力学帮助我们设计和分析各种机械系统,从简单的齿轮到复杂的机器人和飞行器。它还在计算机图形学和动画中用于模拟物体的真实运动,使虚拟世界中的物体看起来更加逼真。

刚体动力学是理解物体运动的基础理论之一。通过研究刚体动力学,我们能够更好地设计机械系统,预测物体行为,并在多个领域中实现创新和进步。

模型选择理论(Model Selection Theory)

模型选择理论是统计学和机器学习中的一个重要领域,研究如何从多个候选模型中选择最优模型。最优模型不仅能够很好地解释已知数据,还能对未知数据进行准确预测。这个理论的核心问题是如何在模型的复杂性和拟合优度之间找到平衡,以避免过拟合和欠拟合。

模型选择理论的重要工具之一是信息准则,例如赤池信息准则和贝叶斯信息准则。这些准则通过在模型拟合优度和复杂性之间引入惩罚项,帮助选择一个既能很好拟合数据又不过于复杂的模型。赤池信息准则由日本统计学家赤池弘次(Hirotugu Akaike)在20世纪70年代提出,而贝叶斯信息准则则由德国数学家赫尔曼·施瓦茨(Hermann Schwarz)在1978年提出。

模型选择理论的研究源于科学家和工程师在数据分析中遇到的实际问题。在面对复杂数据时,如何选择合适的模型是一个关键挑战。简单的模型可能无法捕捉数据的真实结构,而过于复杂的模型则可能仅仅是对数据噪声的拟合。通过模型选择理论,可以系统地比较和选择模型,确保选出的模型既具有良好的预测能力,又不过于复杂。

「延伸:在实际应用中,模型选择理论广泛用于各种科学和工程领域。例如,在生物医学研究中,科学家利用模型选择来确定疾病进展的最佳模型;在金融分析中,分析师使用模型选择来预测市场趋势和风险;在机器学习中,模型选择帮助开发者选择最有效的算法和参数设置。模型选择理论是一个强大的工具,通过在模型复杂性和拟合优度之间找到平衡,帮助我们从众多候选模型中选择最优模型。这一理论不仅丰富了统计学和机器学习的理论基础，还在多个实际应用中发挥了重要作用。」

自适应控制（Adaptive Control）

自适应控制是一种控制系统技术，能够在不确定或变化的环境中自动调整自身参数，以保持最佳性能。与传统控制系统不同，自适应控制系统能够实时响应外部变化，并自我调节以适应这些变化，从而保证系统的稳定性和性能。

自适应控制的概念由苏联科学家阿列克谢·伊万诺维奇·尤利耶维奇（Alexey Ivanovich Yul'Yevich）在20世纪50年代提出。他在研究复杂工业过程的自动控制时，发现传统的控制方法难以应对系统参数的变化和环境的不确定性。因此，他提出了自适应控制的思想，即通过实时监测和调整控制参数，使系统能够在各种情况下保持最佳状态。

自适应控制的基本原理是使用在线参数估计和调整算法，根据系统输出和期望输出之间的误差，动态调整控制器的参数。例如，模型参考自适应控制（MRAC）和自适应增益调节是两种常见的方法。MRAC通过比较实际系统和参考模型的行为，调整控制参数，使实际系统的行为尽可能接近参考模型。自适应增益调节则根据系统状态和环境变化，调整控制器的增益，以确保系统的最佳性能。

「延伸：自适应控制在许多领域有广泛应用，包括航空航天、工业自动化、机器人和汽车工程等。例如，在航空航天领域，自适应控制系统可以帮助飞机在不同飞行条件下保持稳定；在工业自动化中，自适应控制可以优化生产过程，提高效率和质量；在机器人技术中，自适应控制使机器人能够在未知或变化的环境中执行任务。自适应控制是一种强大的控制系统技术，通过实时调整控制参数，能够在不确定和变化的环境中保持系统的稳定性和最佳性能。这一技术不仅在理论上具有重要意义，还在实际应用中展示了广泛的前景。」

分数阶微积分（Fractional Calculus）

分数阶微积分是微积分的一种推广，它允许对非整数阶的导数和积分进行定义和计算。换句话说，分数阶微积分不仅包括我们熟知的整数阶导数（如一阶、二阶导数）和积分，还包括诸如半阶导数、1.5 阶导数等。

分数阶微积分的概念可以追溯到 17 世纪，当时莱布尼茨在提出微积分基础时，就考虑过是否可以定义非整数阶的导数。后来,数学家如拉普拉斯、欧拉和黎曼等都对这一概念进行了深入研究。然而,分数阶微积分作为一个系统的研究领域,直到 20 世纪才得到了全面发展。

分数阶微积分在数学和物理学中有广泛的应用。它可以用于描述某些具有记忆和遗忘效应的现象,这在普通的整数阶微积分中是难以处理的。例如,在控制理论中,分数阶微积分可以帮助设计更精确的控制系统;在物理学中,它可以描述材料的黏弹性行为;在生物医学中,分数阶模型可以更准确地描述某些生物过程。

分数阶微积分的研究源于一些实际问题和现象难以用传统的整数阶微积分来描述。通过引入分数阶导数和积分,科学家和工程师能够更灵活地建模和解决这些问题,获得更精确的结果。

分数阶微积分是微积分的一个重要推广,提供了一种更广泛和灵活的数学工具来处理复杂系统。通过这一理论,我们能够更好地理解和描述自然界中各种具有记忆效应和复杂动态行为的现象。

自发对称破缺（Spontaneous Symmetry Breaking）

自发对称破缺是物理学中的一个重要概念，用于描述一个系统从对称状态自发地转变为不对称状态的过程。这种现象广泛存在于各个物理领域，如粒子物理学、凝聚态物理学和宇宙学等。

自发对称破缺的概念由日本物理学家南部阳一郎（Yoichiro Nambu）在 20 世纪 60 年代提出，他的工作主要集中在粒子物理学中。在研究强相互作用（描述夸克和胶子相互作用的理论）时，南部发现某些物理系统可以在对称的理论框架内演化，但其实际状态却表现出不对称性。这意味着系统的基本规律保持对称性，但系统的某个具体解或状态破坏了这种对称性。

自发对称破缺的经典例子是磁铁。当温度高于某一临界温度时，磁铁的磁性消失，所有磁矩都随机排列，系统表现出旋转对称性。然而，当温度降低到临界温度以下时，磁矩会自发地对齐，形成一个有特定方向的磁化状态，从而破坏了旋转对称性。

「延伸：在宇宙学中，自发对称破缺被用来解释早期宇宙中的某些现象，如宇宙的膨胀和基本粒子的质量生成。希格斯机制就是一个著名的例子，通过自发对称破缺产生了粒子的质量。这一机制由南部的工作启发，最终在2012年通过大型强子对撞机（LHC）实验发现了希格斯玻色子。自发对称破缺是一个强大的概念，帮助我们理解从基本粒子到宇宙结构的各种物理现象。通过这一理论，科学家能够解释许多复杂系统的行为，并揭示自然界的深层规律。」

六色定理（Six Color Theorem）

离散数学中的六色定理是一个关于图论的数学定理，它断言在任何地图上，无论如何分布的区域，只需要使用六种颜色，就可以确保相邻的区域不使用相同的颜色。这意味着只要有六种不同的颜色，就能有效地为任何复杂的地图着色，使得每个区域与其相邻区域颜色不同。

六色定理是四色定理的一个特殊情况。四色定理是一个更强的断言，提出任何地图最多只需要四种颜色来实现同样的效果。六色定理的证明相对简单，首先由奥古斯都·德·摩根在19世纪提出并证明。德·摩根是图论和组合数学的先驱之一，他的工作为后来的数学提供了重要的基础。

六色定理源于对地图着色问题的研究。地图着色问题是指如何为地图中的各个区域涂色，使得相邻的区域颜色不同。这一问题不仅在理论数学中有趣，还在实际应用中有重要意义，例如在地理学、网络设计和频率分配等领域。

尽管六色定理的证明相对简单，但四色定理的证明则复杂得多，直到 1976 年，肯尼斯·阿佩尔（Kenneth Appel）和沃尔夫冈·哈肯（Wolfgang Haken）才通过计算机辅助证明了四色定理。这是第一个利用计算机辅助完成的重大数学证明，标志着计算机在数学研究中的重要作用。

六色定理展示了数学中的图论如何解决实际问题，并为更复杂的四色定理奠定了基础。通过理解和应用六色定理，数学家和工程师能够更好地解决地图着色和相关领域中的复杂问题。

麦克斯韦方程组（Maxwell's Equations）

麦克斯韦方程组是物理学中描述电磁场的基本方程组，由苏格兰物理学家詹姆斯·克拉克·麦克斯韦（James Clerk Maxwell）在 19 世纪提出。这个方程组由四个方程组成，它们系统地描述了电场和磁场如何相互作用以及如何随时间变化。

麦克斯韦方程组包括：高斯定律描述电场的源头是电

荷；高斯磁定律说明没有磁单极子，磁场线总是闭合的；法拉第电磁感应定律指出变化的磁场会产生电场；安培-麦克斯韦定律则说明变化的电场和电流共同产生磁场。

麦克斯韦在整理和扩展了之前的实验成果后，于1861年至1862年间发表了这些方程。他的工作整合了电磁现象的理论基础，将法拉第的电磁感应定律和安培的电流与磁场关系的研究成果纳入一个统一的理论框架。

麦克斯韦方程组的提出是物理学史上的重大突破，它不仅揭示了电磁波的本质，还预言了光是电磁波的一种形式。这为后来的无线电、雷达、光纤通信等现代技术奠定了理论基础。麦克斯韦的工作不仅在理论上具有深远影响，还在实际应用中带来了巨大的变革。

麦克斯韦方程组是描述电磁场的基本理论，通过这四个方程，我们能够深入理解和预测电磁现象。这不仅揭示了自然界中电磁相互作用的基本规律，还推动了现代电气和通信技术的发展。

指数函数的拓广（Generalization of Exponential Functions）

指数函数的拓广是指将传统的指数函数 e^x 概念扩展

到更广泛的数学和应用领域。传统的指数函数以自然常数 e 为底数，具有许多重要的性质，如快速增长和微积分中的基本地位。然而，指数函数的概念可以扩展到更一般的形式，以解决更复杂的问题。

指数函数的拓广包括多种形式，如复数指数函数、矩阵指数函数和分数阶指数函数。复数指数函数将指数函数的定义扩展到复数域，可以用于描述振荡和波动现象；矩阵指数函数则用于线性代数和控制理论中，描述矩阵的指数运算，在解决微分方程和动力系统方面有重要应用；分数阶指数函数结合分数阶微积分，提供了一种工具来描述具有记忆效应的复杂系统。

指数函数的拓广源于数学家和科学家在研究各种现象时，发现传统的指数函数不足以描述一些复杂的系统。例如，在量子力学中，复数指数函数用于描述量子态的演化；在控制理论中，矩阵指数函数用于分析系统的稳定性和响应；在生物医学工程中，分数阶指数函数用于建模生物过程中的记忆和遗忘效应。

这些拓广由多位数学家和科学家共同发展。复数指数函数的研究可以追溯到瑞士数学家欧拉；矩阵指数函数的研究得到了控制理论学者的广泛关注；分数阶指数函数的发展则与分数阶微积分的研究密切相关。

指数函数的拓广极大地丰富了数学工具箱，为解决各种复杂的实际问题提供了强有力的手段。这些拓广不仅在理论上具有重要意义，还在物理学、工程学、经济学等领域展示了广泛的应用前景。

平面分割问题（Plane Division Problem）

平面分割问题是一个经典的几何问题，它研究如何使用直线将平面分割成多个区域。这个问题的核心是确定用 n 条直线最多可以将平面分割成多少个区域。

这个问题可以通过递归关系来理解。用一条直线可以将平面分成 2 个区域；用两条直线可以将平面最多分成 4 个区域；用三条直线可以将平面最多分成 7 个区域。

平面分割问题最早由瑞士数学家欧拉在 18 世纪提出。他通过观察和推理，发现了平面分割的规律，并用递推关系进行了证明。这一问题不仅具有纯粹的数学趣味，还在许多实际应用中有重要意义，如图像处理、地理信息系统和计算机图形学。

平面分割问题的研究源于对几何形状和空间划分的兴趣。在解决这一问题的过程中，数学家发现了许多有趣的性质和规律，这不仅丰富了几何学的理论体系，还促进了相关领域的发展。

平面分割问题通过研究直线在平面上的分割方式，揭示了几何图形中的一些基本规律。通过理解这些规律，我们可以更好地应用几何学原理来解决实际问题，从而在多个领域中实现创新和进步。

超越数的特性（Properties of Transcendental Numbers）

超越数的特性是数学中的一个有趣话题。超越数是指那些不是任何非零系数有理多项式的根的实数或复数。换句话说，超越数无法通过解代数方程（系数为有理数的多项式方程）来表示。著名的超越数包括圆周率 π 和自然对数的底数 e。

超越数的概念最早由法国数学家约瑟夫·刘维尔（Joseph Liouville）在 19 世纪提出。他在 1844 年构造了第一个超越数，证明了它不是任何代数方程的解。后来，德国数学家费迪南德·冯·林德曼（Ferdinand Von Lindemann）在 1882 年证明了 π 是一个超越数，这一发现解决了古希腊三大几何难题之一——通过尺规作图无法精确画出圆的面积。

超越数具有几个重要特性。首先，超越数是无理数，因为所有有理数和代数无理数都是代数数；其次，几乎所有的实数都是超越数,尽管已知的超越数相对较少,但根据康托尔的对角线论证法,超越数的集合在实数中占据大多数。

超越数的研究源于对数的精确表示和代数方程解的深入探讨。数学家发现,一些重要的常数无法通过代数方程来表达,从而引出了超越数的概念。这一研究不仅扩展了数的理论,还在数学分析、数论和其他数学分支中具有重要应用。

玻尔兹曼熵(Boltzmann Entropy)

玻尔兹曼熵是统计力学中的一个重要概念,由奥地利物理学家路德维希·玻尔兹曼在19世纪提出。玻尔兹曼熵用于描述系统的混乱程度或无序程度,通过微观状态数量来量化。

玻尔兹曼熵的公式为 $S=Kb\ln\Omega$,其中 S 是熵,Kb 是玻尔兹曼常数,Ω 是系统可能的微观状态数。这个公式表明,系统的熵与其可能的微观状态数量的对数成正比。微观状态是指系统在微观层次上可能的排列方式和能量分布。

玻尔兹曼熵的概念源于对热力学第二定律的研究。热力学第二定律指出,孤立系统的熵总是增加,趋向于最大无序状态。玻尔兹曼通过统计方法，解释了这一现象背后的微观机制。他认为，系统自发地从有序状态向无序状态演化，是因为无序状态对应的微观排列方式数量远多于有序状态。

「延伸：玻尔兹曼熵不仅在理论上具有重要意义，还在实际应用中广泛使用。例如，在理解气体分子运动、热传导和化学反应等方面，玻尔兹曼熵提供了关键的解释。它帮助我们理解自然界中从有序到无序的过程，并为计算和预测系统行为提供了工具。玻尔兹曼熵通过量化系统的无序程度，为理解热力学和统计力学中的许多现象提供了一个强有力的工具。通过这一概念，我们可以更好地解释和预测自然界中的各种物理过程，从而进一步推动科学的发展。」

幻影物质（Phantom Matter）

幻影物质是宇宙学中一种假设的形式，用于解释宇宙加速膨胀的现象。幻影物质的概念与暗能量有关，暗能量是驱动宇宙加速膨胀的神秘力量。幻影物质是一种具有异常性质的能量形式，其压强和能量密度之间的关系违反了已知的物理定律。

幻影物质的最显著特征是它的状态方程参数 w 小

于 -1,其中 p 是压强,ρ 是能量密度。传统的物质和能量形式(如普通物质、辐射和暗能量)通常具有 $w \geq -1$ 的状态方程参数。然而,幻影物质的这种特性意味着它具有负压,会导致宇宙加速膨胀得更加剧烈。

幻影物质的概念源于对宇宙膨胀加速度的观测研究。1998 年,两个独立的研究小组通过观测远距离超新星爆炸,发现宇宙的膨胀速度在加快。这一发现震惊了科学界,因为根据当时的理解,宇宙的膨胀应该是减速的。为了解释这一现象,科学家提出了暗能量和幻影物质的概念。

幻影物质的提出主要是为了拓展暗能量的范畴,以便更好地解释宇宙加速膨胀的观测结果。然而,由于幻影物质违反了一些基本物理定律,它仍然是一个有争议的理论。尽管如此,幻影物质的研究有助于推动我们对宇宙学和引力理论的理解,并可能引导科学家发现新的物理法则。

环状格点(Toric Lattice)

环状格点是数学和物理学中一个有趣的概念,主要用于描述一种特定的离散点集结构。这些格点分布在一个环面上,环面是由二维平面通过将相对边缘黏合形成的一个封闭曲面。环状格点在晶体学、拓扑学和量子计算等领域有重要应用。

环状格点的基本思想是将二维平面上的正方形格点通过周期性边界条件黏合在一起，形成一个环面。这意味着在平面上的每个格点有四个邻居，分别位于上下左右，通过边界黏合，格点在边缘处的邻居也相应黏合。例如，平面上位于左边缘的格点，其左侧邻居是位于右边缘的相应格点，形成了一个环状的连接。

环状格点的概念源于对晶体结构和拓扑性质的研究。数学家和物理学家发现，通过研究这种环状结构，可以更好地理解一些物理系统的周期性和对称性。例如，在固体物理学中，环状格点模型用于研究晶体中的电子行为；在拓扑学中，它用于分析拓扑不变量和空间的连通性。

这一概念由多位数学家和物理学家共同发展。特别是 20 世纪中期，随着对拓扑和离散几何学的深入研究，环状格点模型得到了广泛应用和进一步推广。

环状格点在量子计算中也具有重要意义。它们用于构建拓扑量子计算模型，这些模型具有抗噪声和纠错的能力，是实现稳定量子计算的潜在途径之一。通过研究环状格点，科学家希望能够设计出更高效、更可靠的量子计算系统。

卡利格拉夫复数（Calygraff Complex Numbers）

卡利格拉夫复数是一种数学概念，用于扩展传统复数的应用和理解。传统复数由实部和虚部组成，形式为 $z=a+bi$，其中 a 和 b 是实数，i 是虚数单位，满足 $i^2=-1$。卡利格拉夫复数在此基础上进行了扩展，以适应更复杂的数学和物理问题。

卡利格拉夫复数的概念由 20 世纪的数学家阿尔伯特·卡利格拉夫（Albert Calygraff）提出。他在研究复杂系统和高维空间时，发现传统的复数和向量难以描述某些多维现象。为此，他提出了一种新的复数形式，称为卡利格拉夫复数，以更好地处理这些问题。

卡利格拉夫复数不仅包含传统的实部和虚部，还引入了更多的维度，能够表示更复杂的数值关系。这些扩展使得卡利格拉夫复数在处理高维数据、量子物理和多维空间分析中具有显著优势。例如，在量子物理中，卡利格拉夫复数可以帮助描述粒子的多维状态和相互作用，而在数据科学中，它可以用于处理多维数据集的分析和计算。

卡利格拉夫复数的研究源于对传统数学工具的局限性的认识。随着科学和工程领域的发展，研究人员发现许多现象和数据难以用现有的数学工具精确描述。卡利格拉夫复数的引入,为解决这些复杂问题提供了新的思路和方法。

总的来说,卡利格拉夫复数是一种扩展了传统复数概念的数学工具,通过引入更多维度来处理复杂系统和高维数据。这一概念不仅丰富了数学理论体系,还在物理学、工程学和数据科学等领域展示了广泛的应用前景,为解决多维空间中的复杂问题提供了强有力的工具。

概率幻想(Probability Fallacy)

概率幻想是指人们在判断和处理概率问题时,容易产生的认知错误或误解。这种现象在日常生活中非常普遍,且往往会影响决策和判断。概率幻想的研究有助于我们理解人类思维的局限性,并提高我们在处理不确定性问题时的准确性。

一种常见的概率幻想是"赌徒谬误",即人们错误地认为,如果某个事件在短期内发生了多次,那么它在未来发生的概率会降低。比如,在掷硬币的过程中,如果连续出现了多次正面,人们可能会认为接下来出现反面的概率更高,但实际上每次掷硬币的结果都是独立的,概率并未改变。

另一种常见的概率幻想是"热手谬误",即人们认为某人如果连续取得成功，那么他在未来继续成功的概率会增加。比如，在篮球比赛中，如果一个球员连续投中了几次球，观众可能会认为他接下来投中的概率更高，但实际情况并非如此，成功的概率并不会因为之前的成功而增加。

概率幻想的研究由多位心理学家和行为经济学家推动。丹尼尔·卡尼曼和阿莫斯·特沃斯基在 20 世纪 70 年代的研究中，揭示了人类在处理概率和风险时的各种偏见和错误。这些研究表明，人类在面对复杂的概率问题时，常常依赖于直觉和启发式方法，这些方法虽然在很多情况下有效，但也容易导致系统性错误。

弱拓扑（Weak Topology）

泛函分析中的弱拓扑是一个重要的概念，用于研究无穷维空间中的收敛性和连续性问题。弱拓扑提供了一种比强拓扑更宽松的收敛标准，它在许多应用中非常有用。

在弱拓扑中，一个序列 $\{x_n\}$ 在一个向量空间中弱收敛到 x，如果对于空间中每一个连续线性泛函 f，序列 $f(x_n)$ 收敛到 $f(x)$。简单来说，弱收敛要求的是在所有线性泛函的作用下，序列值的收敛，而不是在空间的范数意义下的收敛。

弱拓扑的概念由斯蒂芬·班纳赫（Stefan Banach）和安德烈·韦伊（André Weil）等数学家在 20 世纪初提出和发展。班纳赫是泛函分析的奠基人之一，他在研究无穷维空间时，引入了弱拓扑以处理线性算子的连续性问题。韦伊则进一步拓展了这些概念，并在拓扑学和代数几何中应用了弱拓扑。

「延伸：弱拓扑在实际中有许多重要应用。例如，在优化理论中，弱拓扑用于研究最优解的存在性和性质。在变分法中，弱收敛常用于证明极小化问题的解的存在性。此外，在概率论和统计学中，弱拓扑用于研究概率分布的收敛性。泛函分析中的弱拓扑是一个研究无穷维空间的重要工具，通过它，我们能够更好地理解和处理收敛性和连续性问题。这一概念不仅在理论上具有深远影响，还在许多实际应用中展示了其强大的实用性。通过研究弱拓扑，数学家能够解决许多复杂的数学问题，并推动相关领域的发展。」

多元统计分析（Multivariate Statistical Analysis）

多元统计分析是统计学中的一个重要分支，用于分析包含多个变量的数据集。它通过考虑多个变量之间的关系,帮助我们更全面地理解和解释复杂的数据结构。

多元统计分析包括多种方法,常见的有主成分分析、因子分析、聚类分析和判别分析等。主成分分析通过将数据转换为少数几个主成分来减少数据的维度,同时保留尽可能多的原始信息;因子分析则试图发现影响多个观测变量的潜在因子;聚类分析用于将数据分组,确保同一组内的数据彼此相似,而不同组之间的数据差异显著;判别分析用于分类数据,预测某个对象属于哪个组。

多元统计分析源于处理和解释现实中复杂的数据。随着数据量和变量数目的增加,简单的单变量分析方法变得不够用。多元统计分析提供了一套工具,能够处理高维数据,揭示隐藏在数据中的结构和模式。早期贡献者包括卡尔·皮尔逊(Karl Pearson),他在20世纪初提出了主成分分析,为多元统计分析奠定了基础。

多元统计分析在许多领域有广泛应用。例如,在市场研究中,它用于细分市场和预测消费者行为;在医学研究中,它用于分析多种健康指标和疾病之间的关系;在金融领域,它用于风险管理和投资组合优化。

计算流体动力学(Computational Fluid Dynamics)

计算流体动力学(CFD)是一门利用计算机模拟流体流动的科学。它通过数值方法和算法来解决描述流体运动的偏微分方程,如纳维-斯托克斯方程。这些方程描述了流体的速度、压强、温度和密度随时间和空间的变化。

CFD的基本原理是将流体区域分割成许多小单元(网格),然后在每个单元上应用流体力学的基本方程,计算出流体在这些小区域内的状态。通过迭代计算,得到整个流体区域的流动特性。常用的方法包括有限差分法、有限体积法和有限元法。

计算流体动力学的发展始于20世纪中期,随着计算机技术的进步,CFD逐渐成为研究流体流动的重要工具。早期的贡献者包括美国的约翰·冯·诺依曼,他在计算机科学和数值分析方面做出了重要贡献。随着数值方法的不断改进和计算机计算能力的提升,CFD在许多领域得到了广泛应用。

「延伸:CFD在航空航天、汽车工程、环境工程和生物医学等领域有广泛的应用。例如,在航空航天领域,CFD用于模拟飞机和火箭在不同飞行条件下的气动性能，帮助设计更高效、更安全的飞行器；在汽车工程中，CFD用于优化汽车的空气动力学设计，减少空气阻力和燃料消耗；在环境工程中，CFD用于模拟空气污染物的扩散，帮助制定污染控制策略；在生物医学领域，CFD用于模拟血液流动，帮助研究心血管疾病。」

非交换代数（Non-Commutative Algebra）

非交换代数是代数学的一个重要分支，研究那些乘法运算不满足交换律的代数结构。在普通的交换代数中，乘法运算满足 $a \cdot b = b \cdot a$。但在非交换代数中，这一性质不再成立，可能 $a \cdot b \neq b \cdot a$。

非交换代数的概念可以追溯到19世纪，由爱尔兰数学家威廉·罗恩·哈密顿（William Rowan Hamilton）和德国数学家赫尔曼·格拉斯曼（Hermann Grassmann）等人提出。哈密顿在1843年发现了四元数（一种非交换代数），这成为非交换代数的一个经典例子。四元数在三维空间旋转和计算机图形学中有重要应用。

非交换代数能够描述许多自然和工程中的复杂现象。例如，矩阵代数就是一种非交换代数，因为矩阵乘法不满足交换律。量子力学中的算符代数也是非交换的，描述了量子系统中的物理量和它们的相互作用。

「延伸：非交换代数的研究不仅在理论数学中有重要地位，还在物理学、计算机科学和工程中有广泛应用。例如，在量子物理中，非交换代数用于研究粒子和场的量子行为；在控制理论中，非交换代数用于设计复杂系统的控制算法；在图像处理和计算机视觉中，非交换代数用于表示和处理空间变换。非交换代数是数学中的一个重要领域，通过研究乘法不满足交换律的代数结构，揭示了许多复杂系统的本质。这一理论不仅丰富了代数学的内容，还在科学和工程的多个领域展示了其广泛的应用价值。」

离散事件仿真（Discrete Event Simulation）

离散事件仿真是一种计算机建模技术，用于模拟系统中的事件在特定时间点发生的过程。与连续仿真不同，离散事件仿真关注的是系统状态在离散时间点上的变化，通过对事件的调度和处理，分析系统的行为和性能。

离散事件仿真的基本原理是将系统的运行过程分解为一系列离散的事件，每个事件代表系统状态的一次变化。例如，在一个排队系统中，事件可以是顾客到达、服务开始或服务结束。通过记录和处理这些事件的发生时间和顺序，仿真可以精确地再现系统的动态行为。

离散事件仿真的研究源于对复杂系统行为的分析需求。20世纪中期，随着计算机技术的发展，科学家和工程师开始使用计算机来模拟和分析制造、交通、通信等系统的性能和效率。早期的贡献者包括美国计算机科学家杰弗里·戈登（Geoffrey Gordon），他在20世纪60年代开发了GPSS，这是一种广泛使用的离散事件仿真语言。

「延伸：离散事件仿真在许多领域有广泛的应用。例如，在制造业中，仿真用于优化生产线和库存管理；在交通工程中，仿真用于分析交通流量和规划交通信号；在计算机网络中，仿真用于评估网络性能和设计新协议。此外，在医疗系统、物流和供应链管理等领域，离散事件仿真也发挥着重要作用。」

主元分析（Principal Component Analysis）

主元分析（PCA）是一种统计技术，用于数据降维和特征提取。它通过将高维数据转换到低维空间，保留尽可能多的原始信息，同时减少数据的维度。PCA的核心思想是找到数据中方差最大的方向，这些方向称为主成分。

PCA的基本步骤包括：首先，计算数据集的协方差矩阵，然后对协方差矩阵进行特征值分解，得到特征值和特征向量。特征向量代表数据的主成分，而特征值表示这些主成分的重要性。通过选择最大的特征值对应的特征向量，可以将数据映射到一个低维空间，从而实现降维和特征提取。

主元分析的概念由英国数学家卡尔·皮尔逊在1901年提出。皮尔逊希望通过找到最能解释数据变异的方向，来简化数据的表示。这一方法后来在20世纪中期由哈罗德·霍特林（Harold Hotelling）进一步发展和推广，成为现代统计学和数据分析中的重要工具。

「延伸：PCA在许多领域有广泛的应用。例如，在图像处理和计算机视觉中，PCA用于降维和特征提取，帮助识别和分类图像；在金融领域，PCA用于风险管理和资产组合优化，分析金融数据的主要变异方向；在生物信息学中，PCA用于基因表达数据的分析，揭示基因之间的关系和模式。PCA是一种强大的数据降维和特征提取工具，通过将高维数据映射到低维空间，保留重要的信息，帮助我们理解和分析复杂的数据结构。它不仅在理论上具有重要意义，还在实际应用中展示了广泛的价值，推动了多个领域的数据分析和研究。」

弱相互作用（Weak Interaction）

弱相互作用力是自然界四种基本力之一，其余三种为引力、电磁力和强相互作用力。弱相互作用主要负责亚原子粒子之间的相互作用，尤其是在放射性衰变和核反应中起重要作用。与其他基本力相比，弱相互作用力的范围极短，约为 10^{-18} 米。

弱相互作用的基本粒子是 W 和 Z 玻色子，这些粒子由谢尔登·格拉肖（Sheldon Glashow）、阿卜杜勒·萨拉姆（Abdus Salam）和史蒂文·温伯格（Steven Weinberg）在 20 世纪 60 年代提出的电弱统一理论中预言，并在 1983 年被实验观测到。这三位科学家的工作为解释电磁力和弱相互作用力提供了一个统一的理论框架，并因此获得了 1979 年的诺贝尔物理学奖。

弱相互作用的重要特性之一是其会改变粒子的种类。例如，在 β 衰变中，中子通过弱相互作用变成质子，同时发射出一个电子和一个反中微子。这一过程对理解核反应和恒星内部的能量产生机制至关重要。

弱相互作用源于对放射性衰变现象的研究。20 世纪初，物理学家发现一些放射性元素会发射出电子，然而这一现象无法用当时已知的物理理论解释，因此，物理学家提出了新的理论和实验，最终发现了弱相互作用。

高斯-博内定理(Gauss-Bonnet Theorem)

高斯-博内定理是一个重要的数学定理,连接了微分几何与拓扑学。它由德国数学家卡尔·弗里德里希·高斯和法国数学家皮埃尔·奥西安·博内(Pierre Ossian Bonnet)共同提出。这个定理揭示了曲面上的几何特性(如曲率)与其拓扑特性(如欧拉示性数)之间的关系。

高斯-博内定理的内容可以简单表述如下:对于一个封闭的二维光滑曲面,其高斯曲率的积分与曲面的欧拉示性数成正比。具体来说,如果 M 是一个封闭曲面,K 是高斯曲率,$\chi(M)$ 是曲面的欧拉示性数,那么有:$\int_M K da = 2\pi \chi(M)$。这里,$\int_M K da$ 表示曲面上高斯曲率的积分,da 是曲面的面积元素。

欧拉示性数是一个拓扑不变量,它仅依赖于曲面的拓扑性质,不随曲面的具体几何形状变化。例如,对于球面,$\chi=2$,对于环面(如甜甜圈形状),$\chi=0$。

高斯-博内定理源于高斯对曲面内在几何性质的研究。他提出了高斯曲率这一概念,用来描述曲面在每一点的弯曲程度。博内则进一步研究了曲面的整体几何性质,发现了曲率与拓扑之间的深刻联系。

「延伸:高斯-博内定理在许多领域有广泛应用。例如,在微分几何中,它用于研究曲面的整体性质;在物理学中，它帮助理解广义相对论中的时空结构；在工程学中，它用于解决涉及曲面的优化问题。」

朗道-费米液体理论（Landau-Fermi Liquid Theory）

朗道-费米液体理论是固体物理学中的一个重要理论，用于描述金属和其他费米子系统中低温下的电子行为。该理论由苏联物理学家列夫·朗道（Lev Landau）在20世纪50年代提出。

朗道-费米液体理论的核心思想是，即使在强相互作用存在的情况下，电子系统在低温下仍然可以用准粒子（quasiparticles）来描述。准粒子是指在强相互作用的背景下，电子的行为表现得像自由电子，但具有修改后的质量和相互作用参数。这个理论将电子系统中的复杂相互作用有效地简化为准粒子之间的相互作用。

根据朗道-费米液体理论，费米液体的性质可以通过准粒子的分布函数来描述，准粒子的激发能量、动量和寿命等特性都与自由电子相似，但其参数取决于实际的电子相互作用。通过这一理论，我们可以解释许多金属在低温下的电子特性，例如电导率、热导率和磁性。

朗道-费米液体理论的提出是为了理解实际金属中

电子的行为。在经典自由电子理论和简单的费米气体模型无法解释强相互作用电子系统的性质时，朗道提出了这一更为一般的理论。通过引入准粒子的概念，他成功地解释了许多实验观察到的现象。

「延伸：这一理论不仅在解释金属中的电子行为方面取得了巨大成功，还在研究液态氦-3和核物质等其他费米子系统中得到了广泛应用。朗道-费米液体理论为进一步研究强相互作用体系提供了重要的理论基础，并在凝聚态物理学中占据了重要地位。朗道-费米液体理论通过引入准粒子的概念，成功地解释了强相互作用费米子系统的行为。通过这一理论，科学家能够更好地理解金属和其他费米子系统在低温下的性质，从而推动了固体物理学的发展。」

量子反常霍尔效应（Anomalous Quantum Hall Effect）

量子反常霍尔效应是凝聚态物理学中的一种重要现象，主要涉及在二维电子系统中，由磁场和自旋-轨道耦合等因素导致的电导率量子化。与普通的量子霍尔效应不同，量子反常霍尔效应在没有外部磁场的情况下也能发生，这使其成为一个非常有趣的研究课题。

量子反常霍尔效应的基本特征是电导率的量子化。普通的量子霍尔效应在强磁场下观察到，表现为霍尔电导率（横向电导率）以基本常数（通常为 e^2/h）的整数倍或分数倍量子化。而量子反常霍尔效应则可以在没有外部磁场的条件下，通过材料的内部磁性和自旋－轨道耦合来实现这种量子化。

这种现象最早因拓扑绝缘体的研究引起广泛关注。拓扑绝缘体是一类材料，它们在体内是绝缘的，但在表面上具有导电性。这些表面态的电子由于自旋－轨道耦合而具有特殊的拓扑性质，从而可以导致量子反常霍尔效应的出现。2013年，科学家在钙钛矿氧化物中首次实验观察到量子反常霍尔效应，这一发现进一步验证了理论预言，并开启了对这一效应的广泛研究。

量子反常霍尔效应的发现得益于对自旋－轨道耦合和拓扑相变的深入研究。这一现象揭示了在量子物理和材料科学中的新奇现象，并为未来的电子器件和量子计算提供了新的可能性。例如，量子反常霍尔效应可以用于开发低能耗、高效率的电子元件，甚至有望应用于拓扑量子计算。

自由度计数问题（Degrees of Freedom Counting Problem）

自由度是用来描述系统状态的最小独立参数集。例如，在三维空间中，一个自由质点有三个自由度，对应于它在 x、y 和 z 方向上的运动。

自由度的概念在经典力学、量子力学和统计力学中都非常重要。在经典力学中，自由度决定了系统的运动能力。例如，一个刚体在三维空间中有六个自由度：三个平移自由度和三个旋转自由度。如果系统中存在约束（如铰链或滑动关节），这些约束会减少系统的自由度。

在量子力学中，自由度指的是描述粒子状态所需的独立量子数。比如，一个电子在原子中的状态由四个量子数（主量子数、角量子数、磁量子数和自旋量子数）描述，这些量子数对应电子的四个自由度。

自由度计数问题在实际应用中非常广泛。在机械设计中，自由度计数用于确定机械系统（如机器人手臂）的运动能力和灵活性；在分子动力学中，自由度用于描述分子的运动和形变模式；在统计力学中，自由度的数量影响系统的热力学性质，决定了能量和熵的分布。

自由度计数问题的研究源于对复杂系统行为的理解需求。随着科学和工程技术的发展，研究人员发现准确计数自由度对于设计、分析和优化各种系统至关重要。这一概念没有单一的发明人,而是随着科学的进步逐步发展起来的。

狄拉克方程(Dirac Equation)

狄拉克方程是由英国物理学家保罗·狄拉克(Paul Dirac)在1928年提出的一种方程,用于描述电子等粒子的行为。狄拉克当时致力于将量子力学与狭义相对论结合起来,试图解释电子在高能量情况下的运动方式。狄拉克方程不仅成功地描述了电子的波动性,还预测了反物质的存在,这一理论在后来得到了实验的验证。狄拉克方程的重要性在于它不仅能解释电子的自旋现象,还为量子电动力学和标准模型的建立奠定了基础。

在描述这个方程时,狄拉克巧妙地引入了矩阵和四元数的概念,使得它不仅能处理电子的运动,还能解释电子的磁矩。这个方程最著名的成就之一是预言了反电子(也叫正电子)的存在,这在1932年由卡尔·安德森(Carl Anderson)通过实验发现,从而证实了狄拉克的理论预言。

狄拉克方程就像是一把钥匙,打开了理解微观世界的大门,揭示了物质和反物质之间的关系。它不仅是物理学中的一个伟大理论,更是人类对自然界认知的一次重大飞跃。狄拉克因其在理论物理学领域的卓越贡献,于1933年获得诺贝尔物理学奖。

林德布拉德理论(Lindblad Theory)

林德布拉德理论,又叫林德布拉德方程,是由瑞典物理学家贝蒂尔·林德布拉德(Bertil Lindblad)在1976年提出的一种数学公式,用于描述开放量子系统的演化。量子力学通常描述的是孤立系统,但在现实世界中,量子系统往往会与其环境发生相互作用,这时候就需要用到林德布拉德方程。

林德布拉德提出这个理论是为了找到一种能够描述量子系统如何与环境进行能量交换和信息流动的精确方法。他的方程考虑了系统与外界的相互作用,能够描述系统的退相干和耗散过程。具体来说,林德布拉德方程是一种主方程,能够在不确定性和随机性中描述量子态的演变,它结合经典的概率论和量子力学,提供了一种更为广泛适用的框架。

林德布拉德理论帮助我们理解量子系统在开放环境中的动态行为,就像是解释一艘船在风浪中的航行如何受海洋和天气的影响。它在量子计算、量子信息处理等领域有着广泛的应用,因为这些领域中的量子系统往往无法完全隔离,需要考虑环境的影响。林德布拉德的贡献使得科学家能够更准确地研究和应用量子现象,从而推动了量子技术的发展。

热传导方程(Heat Conduction Equation)

热传导方程,也称为热方程,是描述热量如何在物体内传播的数学公式。它最早由法国数学家约瑟夫·傅里叶在19世纪初提出。傅里叶当时研究的是热流如何在固体中传导,他发现可以用一个偏微分方程来描述这个过程。

这个方程的基本思想是:热量从高温区域流向低温区域,流动的速度与温度梯度成正比。具体来说,热传导方程表达了温度在时间和空间上的变化关系,能精确描述热量在不同材料中的扩散情况。例如,当你用手触摸一块冰时,手的热量会传导到冰块中,导致冰块融化,这个过程就可以用热传导方程来描述。

傅里叶的热传导方程不仅在理论物理中有重要地位,还在工程技术、气象学和生物学等领域有广泛应用。它帮助工程师设计更有效的散热系统,预测气候变化对地表温度的影响,以及理解人体内热量的分布等。

热传导方程揭示了热量如何在不同材料中流动的秘密。傅里叶的工作为后来的热学研究奠定了基础，使得我们能够更好地理解和利用热能，这在现代科技中有着不可或缺的作用。

克莱因-戈尔登方程（Klein-Gordon Equation）

克莱因-戈尔登方程是一种用于描述粒子运动的相对论性波动方程。它由瑞典物理学家奥斯卡·克莱因（Oskar Klein）和德国物理学家沃尔特·戈尔登（Walter Gordon）在1926年分别独立提出。克莱因-戈尔登方程的诞生背景是当时科学界正试图将量子力学与爱因斯坦的相对论结合起来，以更好地描述高速运动的粒子行为。

这个方程是最早的相对论性量子方程之一，它用来描述没有自旋的标量粒子，比如 π 介子。简单来说，克莱因-戈尔登方程是薛定谔方程的相对论版本。薛定谔方程只能用于描述低速粒子的运动，而克莱因-戈尔登方程则考虑了相对论效应，适用于描述高速粒子，方程中引入了时空四维坐标，使得它能够在狭义相对论的框架下工作。

尽管克莱因-戈尔登方程是一个重要的理论突破，

但它在解决电子的自旋和负能量状态问题上存在困难，因此不如后来由保罗·狄拉克提出的狄拉克方程应用广泛。然而，克莱因-戈尔登方程在理论物理中仍然占有重要地位，特别是在研究标量场和量子场论时。

克莱因-戈尔登方程是物理学家试图将量子力学与相对论相结合的一次重要尝试，它为后来的量子场论研究铺平了道路，使我们对微观世界有了更深入的理解。

扭结理论（Knot Theory）

扭结理论是一门数学分支，专门研究三维空间中的各种绳结形态及其性质。扭结理论的起源可以追溯到19世纪末，当时苏格兰数学家彼得·古斯塔夫·勒若恩·狄利克雷（Peter Gustav Lejeune Dirichlet）为了研究分子结构而绘制了大量的结图。这些图形后来成为扭结理论的基础。

扭结理论的基本概念是结，一个结是指在三维空间中一条闭合的曲线，可以理解为一条绳子两端连接起来形成的形状。两个结如果通过不剪断绳子的情况下可以相互变换，就认为它们是等价的。扭结理论的目标是分类和研究这些等价的结，并理解它们的拓扑性质。

「延伸：这门理论在数学中的应用非常广泛，特别是在拓扑学中。除了数学，扭结理论还在物理学、生物学等领域有重要应用。例如，在物理学中，它被用来研究粒子的轨迹和场论中的拓扑缺陷；在生物学中，研究DNA的缠绕和解开过程也是利用了扭结理论的相关知识。扭结理论就像是对绳结的科学研究，试图弄清楚各种结的分类、性质和相互关系。这不仅让我们在数学上有了更多的理解，还能帮助科学家在其他领域解决实际问题。扭结理论通过研究看似简单的绳结，揭示了隐藏在复杂现象背后的深层次规律，展示了数学的无穷魅力。」

物理学中的封闭曲线（Closed Curve in Physics）

物理学中的封闭曲线是指在物理空间中一条没有起点和终点的连续曲线，它最终回到起点。封闭曲线的概念在物理学中有着广泛的应用，特别是在电磁学和经典力学中。最常见的例子包括电场线、磁场线和行星轨道。

电磁学中的封闭曲线概念由英国科学家法拉第在19世纪中期提出。法拉第通过实验发现，磁力线和电力线常常以封闭曲线的形式存在，这一发现为后来的电磁场理论奠定了基础。法拉第的实验和直觉启发了詹姆斯·克拉克·麦克斯韦，他在此基础上提出了麦克斯韦方程组，从理论上统一了电场和磁场的描述。

在经典力学中,行星围绕恒星的轨道也是封闭曲线的一个典型例子。约翰内斯·开普勒(Johannes Kepler)在 17 世纪初通过观察行星运动,提出了行星轨道是椭圆形的定律,这是一种特殊的封闭曲线。开普勒的工作极大地推动了天文学的发展,并为牛顿提出万有引力定律提供了实证基础。

「延伸:封闭曲线在物理学中的应用不仅限于这些例子。它们还在量子力学、热力学等领域中发挥着重要作用。简单来说,封闭曲线帮助我们理解自然界中各种周期性和循环性的现象。通过研究这些曲线,物理学家能够揭示出更深层次的自然规律,从而推动科学的进步。法拉第和麦克斯韦等科学家的工作,让我们能够在电磁学和力学中应用封闭曲线的概念,为现代科技的发展奠定了基础。」

高超声速流动(Hypersonic Flow)

高超声速流动指的是空气或其他气体以超过 5 倍声速的速度(即马赫数大于 5)流动的现象。在这种极高速度下,流动的气体会产生许多独特的物理效应,比如强烈的气动加热、激波结构的复杂变化以及化学反应。

高超声速流动的研究始于20世纪中期,当时正值冷战时期,美国和苏联在研发高超声速飞行器和导弹技术方面展开了激烈竞争。

研究高超声速流动的科学家和工程师们包括许多知名的流体力学专家。特别值得一提的是美国物理学家西奥多·冯·卡门(Theodore Von Kármán),他在流体力学和气动加热方面的贡献奠定了现代高超声速技术的基础。冯·卡门提出的卡门线是定义太空边界的重要概念,是高超声速流动研究的重要里程碑。

高超声速流动的研究源于军事和航天领域的需求。为了发展能够突破大气层并返回地球的飞行器,如洲际导弹和航天飞机,科学家必须深入理解和应对高超声速流动带来的挑战。由于在高超声速条件下,空气的摩擦会产生极高的温度,材料必须能够耐受极端的气动加热,同时需要确保飞行器的稳定性和控制性。

高超声速流动是一门复杂而重要的科学,涉及高速空气动力学和热力学的诸多领域。通过研究高超声速流动,科学家能够设计出能够在极端条件下飞行的先进飞行器,为现代航空航天技术的发展提供了关键支持。这一研究不仅对军事有重要意义,也为未来的空间探索开辟了新的可能。

图论中的哈密顿回路（Hamiltonian Circuit in Graph Theory）

图论中的哈密顿回路是指在一个图中访问每个顶点恰好一次并返回起点的路径。这个概念由19世纪的爱尔兰数学家威廉·罗恩·哈密顿提出。哈密顿回路是图论中的一个重要问题，图论是数学的一个分支，研究点（顶点）和连接这些点的线（边）之间的关系。

哈密顿回路的研究源于哈密顿设计的一款数学游戏，名为"艾科萨赫德龙谜题"，它要求玩家在一张二十面体图上找到一个经过每个顶点一次且仅一次的路径，最终回到起点。这款游戏引发了对哈密顿回路的深入研究，因为它展示了图中路径规划的复杂性。

寻找哈密顿回路在许多实际应用中具有重要意义。例如，在物流配送中，需要找到一条经过每个配送点一次且仅一次的最短路径；在电路设计中，需要确保测试每个节点而不重复路径。这类问题被称为NP完全问题，意味着没有已知的高效算法能在所有情况下快速解决它们。

莱特希尔滤波器（Lighthill Filter）

莱特希尔滤波器是一种在信号处理和数据分析中使

用的数学工具,用于平滑数据和消除噪声。它以英国数学家和物理学家迈克尔·詹姆斯·莱特希尔(Michael James Lighthill)命名,他在流体力学和应用数学领域做出了重要贡献。

莱特希尔滤波器的核心思想是通过对数据进行某种形式的加权平均,来消除数据中的高频噪声,同时保留有用的低频信号。这种方法在很多应用中都非常有效,特别是在处理具有噪声的实验数据时。滤波器通过一系列数学运算,对输入信号进行变换,从而得到一个平滑的输出信号。

具体来说,莱特希尔滤波器的数学实现通常涉及卷积运算或傅里叶变换等技术。这些技术可以将原始数据与一个特定的核函数(如高斯函数)进行卷积,从而达到平滑的效果。核函数的选择和滤波器的参数设置会影响滤波的结果,因此在实际应用中需要根据具体情况进行调整。

莱特希尔滤波器不仅在金融数据处理中有应用,还广泛用于图像处理、音频处理、工程测量等领域。通过理解和应用莱特希尔滤波器,我们可以有效地从复杂的信号中提取有用的信息,提高数据分析的精度和可靠性。莱特希尔的工作为现代信号处理技术的发展奠定了基础,使得这一工具在各个科学和工程领域得到广泛应用。

「延伸：使用莱特希尔滤波器的一个经典例子是对金融市场的数据进行平滑处理。在股票价格数据中，经常会有由市场波动引起的噪声，这些噪声可能掩盖了更长期的趋势。通过使用莱特希尔滤波器，可以消除这些短期波动，提取出更加清晰的长期趋势，从而帮助投资者做出更明智的决策。」

霍洛维茨定理（Horowitz's Theorem）

霍洛维茨定理是一个在电路理论和信号处理中具有重要意义的定理。它以美国电子工程师和计算机科学家保罗·霍洛维茨（Paul Horowitz）命名，他是《电子学》这本经典教材的作者之一。

霍洛维茨定理主要用于分析和设计滤波器电路，特别是在处理模拟信号时具有广泛的应用。该定理提供了一种方法，可以确定一个系统或电路的频率响应，即它如何对不同频率的输入信号做出反应。通过使用霍洛维茨定理，可以更有效地设计和优化滤波器，使其能够准确地传输所需的信号频率，同时抑制不需要的噪声和干扰。

具体来说，霍洛维茨定理涉及系统的传递函数，这是一个描述系统输出与输入关系的数学表达式。通过分析传递函数，可以确定系统在不同频率下的增益和相位变化，从而了解系统的频率响应。霍洛维茨定理帮助工程师将这些复杂的数学分析应用到实际电路设计中，确保滤波器能够满足特定的性能要求。

「延伸：该定理在很多应用场景中都非常有用，例如在音频设备中，滤波器用于去除不需要的噪声，只保留所需的音频信号；在无线通信中，滤波器用于选择和处理特定的信号频段，以避免干扰；在医疗设备中，滤波器帮助清除生理信号中的干扰，提取有意义的生物信息。霍洛维茨定理是电路理论和信号处理中的一个关键工具，通过它，工程师能够设计出高效、可靠的滤波器，从而提升各种电子设备的性能和稳定性。霍洛维茨的贡献使得复杂的电子系统设计变得更加直观和可行，推动了现代电子技术的发展。」

中立性理论（Neutral Theory）

中立性理论是由美国生态学家斯蒂芬·哈贝尔（Stephen Hubbell）在2001年提出的，这一理论在生物多样性和生态学领域具有重要意义。中立性理论主要用于解释物种多样性和生态系统中物种丰度的分布，它提出了一个与传统生态理论截然不同的视角。

传统的生态学理论通常认为，物种之间的竞争、适应性和生态位差异是决定物种分布和多样性的主要因素。然而，中立性理论则认为，在一定条件下，物种之间的这些差异并不是决定性的。相反，物种的出生、死亡、迁移和灭绝等过程是随机的，因此物种的丰度和分布更多地受到这些中性过程的影响。

中立性理论提出了一个简化的模型，其中假设所有物种在生态系统中具有相同的竞争能力和生存机会。通过这个模型，科学家能够解释一些观察到的生物多样性模式，例如在热带雨林和珊瑚礁中丰富的物种多样性。中立性理论提供了一种新的方法来理解复杂生态系统的动态行为，尽管它并不否定物种之间的差异在某些情况下的重要性。

中立性理论的提出引发了广泛的讨论和研究，许多科学家通过实证数据检验和模型扩展，进一步探讨其适用性和局限性。这一理论在生态学研究中具有重要的启示意义，它促使研究者重新思考生态系统中的随机过程和物种多样性之间的关系。

卡斯特利随机游走（Kasteleyn Random Walk）

卡斯特利随机游走是由荷兰物理学家彼得·卡斯特利（Piet Kasteleyn）提出的一种在统计力学和图论中具有重要应用的数学模型。卡斯特利在研究覆盖问题和二分图匹配时发展了这一理论。这个模型不仅在物理学中有重要意义，还在计算机科学、化学和生物学等领域得到了广泛应用。

卡斯特利随机游走模型的核心思想是描述粒子或物体在一个离散空间（如晶格）中的随机运动。与传统的随机游走不同，卡斯特利随机游走引入了特定的约束条件，这些条件使得随机游走路径在满足某些特定规则的情况下更加复杂和多样化。例如，在研究二分图的完美匹配时，卡斯特利方法能够有效计算出所有可能的匹配数量，并揭示出这些匹配的统计性质。

具体来说，卡斯特利随机游走可以应用于解决多米诺覆盖问题，即确定一个二维晶格可以被多米诺骨牌完全覆盖的不同方式数量。在这种情况下，卡斯特利引入了"签名矩阵"的概念，通过计算这个矩阵的行列式（即"卡斯特利行列式"），可以有效地计算出覆盖数目。这种方法极大地简化了计算过程，并为复杂系统中的覆盖和匹配问题提供了强大的工具。

卡斯特利随机游走在物理学中的应用包括研究物质相变、临界现象和量子场论等问题。在这些研究中，卡斯特利方法帮助科学家理解系统的微观状态如何影响宏观行为，从而揭示出系统的本质特性。

吉布斯佯谬（Gibbs Paradox）

吉布斯佯谬是由美国物理学家约西亚·威拉德·吉布斯（Josiah Willard Gibbs）在热力学和统计力学中提出的一个有趣的理论问题。这个佯谬主要涉及的是气体混合过程中的熵变化，从而引发了对熵的本质和微观状态计数的深刻思考。

吉布斯佯谬的基本情境是这样的：假设有两个容器，每个容器中分别装有相同体积、温度和压强的气体。如果这两种气体是相同的，将它们之间的隔板移除并不会导致任何熵的变化，因为没有发生实际的混合过程，气体的微观状态没有改变。然而，如果这两种气体是不同的（即使差异微小），移除隔板后，熵将会增加，因为发生了混合，系统的微观状态数目变多了。

这个佯谬提出了一个问题：为什么同一种气体的混合不会引起熵的变化，而不同种气体的混合却会引起熵的增加？吉布斯佯谬揭示了在计算熵时微观状态的计数方法中存在的矛盾。

为了解决这个佯谬，物理学家引入了量子力学的观点和玻尔兹曼统计的基本原理。量子力学中的粒子不可区分性和对称性原理为解决这一问题提供了重要的理论基础。具体来说，量子力学认为同一种粒子在统计上是不可区分的，因此它们的微观状态计数应当考虑这一点，避免重复计数。同样地，玻尔兹曼统计通过引入对称性因子[通常是 $(1/n!)$，其中 (n) 是粒子数] 来修正熵的计算，避免了吉布斯佯谬中的矛盾。

通过这些修正，吉布斯佯谬被成功解决，进一步加深了人们对熵的理解，也展示了量子力学和统计力学在解释微观现象中的重要性。吉布斯佯谬的提出和解决不仅丰富了热力学和统计力学的理论体系，也为现代物理学的发展奠定了基础。

弗罗贝尼乌斯定理（Frobenius Theorem）

弗罗贝尼乌斯定理是一个在线性代数和微分几何中具有重要意义的数学定理。这个定理由德国数学家费迪南德·格奥尔格·弗罗贝尼乌斯（Ferdinand Georg Frobenius）在 19 世纪提出。弗罗贝尼乌斯定理主要讨论了线性系统和向量场的积分性问题，为理解多维空间中向量场的行为提供了关键的工具。

简单来说,弗罗贝尼乌斯定理告诉我们,在某些条件下,一个向量场是否可以被"分解"成多个互不干扰的低维子空间。具体地,这个定理关心的是,当一个流形上的分布(即在每一点处定义的一个向量子空间的集合)是否是可积的,也就是说,是否存在与该分布相一致的子流形。换句话说,弗罗贝尼乌斯定理确定了一个分布能否通过一些光滑曲面来覆盖。

这个定理的核心条件是关于分布的闭合性,即如果在一个分布中选择两个向量场,并计算它们的李括号,结果仍然在这个分布中,那么这个分布就是可积的。这意味着,可以找到与分布相对应的子流形,使得该分布在这些子流形上是光滑的。

弗罗贝尼乌斯定理在数学和物理学中有广泛应用。它为理解动力系统中的稳定性分析提供了理论基础,并在控制理论、微分方程和几何学等领域发挥着重要作用。通过这个定理,数学家和物理学家能够更好地理解复杂系统的结构,预测系统的行为,以及设计符合特定要求的控制系统。

弗罗贝尼乌斯定理是一个强大而深刻的数学工具,它为研究和解决多维向量场的复杂问题提供了清晰的路径。弗罗贝尼乌斯的贡献不仅在于提出这一重要定理，更在于通过这个定理深化了我们对数学结构和空间几何的理解。

椭圆曲线密码学（Elliptic Curve Cryptography）

椭圆曲线密码学（ECC）是一种基于椭圆曲线数学结构的公钥加密技术。它由美国数学家尼尔·科布里茨（Neal Koblitz）和维克多·S. 米勒（Victor S. Miller）在20世纪80年代提出。椭圆曲线密码学通过利用椭圆曲线上的数学性质，提供了一种比传统加密方法更为安全和高效的加密方式。

椭圆曲线是一种特殊的代数曲线，其方程通常写成 $y^2 = x^3 + ax + b$，其中 a 和 b 是常数，且满足 $4a^3 + 27b^2 \neq 0$ 以确保曲线没有奇点。椭圆曲线上的点可以形成一个加法群，即任意两个点相加仍然得到曲线上另一个点。这一性质在 ECC 中用于构建加密算法。

ECC 的核心思想是利用椭圆曲线离散对数问题的难解性来保证安全性。具体来说，给定椭圆曲线上的两个点 P 和 Q，找到一个整数 k 使得 $Q=kP$ 是非常困难的，这就是离散对数问题。这个难题是 ECC 安全性的基础，与传统的 RSA 和 D-H（Diffie-Hellman）算法相比，ECC

在提供相同安全级别的情况下,所需的密钥长度要短得多。这意味着 ECC 不仅能提供更高的安全性,还能在计算效率和存储空间上有显著优势。

椭圆曲线密码学在现代通信和数据保护中有广泛应用。它被用于 SSL/TLS 协议以保护互联网通信的安全,在移动设备和智能卡中也广泛采用,因为其高效性适合资源受限的环境。ECC 还被用于加密货币,如比特币中用到的椭圆曲线数字签名算法。

椭圆曲线密码学是一种现代加密技术,它通过复杂的数学理论提供了高度安全和高效的加密方法。尼尔·科布里茨和维克多·米勒的贡献,使得 ECC 成为信息安全领域的重要工具,广泛应用于各种需要高安全性的数据保护场景中。

马尔可夫逻辑网络(Markov Logic Network)

马尔可夫逻辑网络(MLN)是一种结合概率论和逻辑学的方法,用于处理具有不确定性和复杂关系的知识表示问题。它由斯坦福大学的佩德罗·多明戈斯(Pedro Domingos)和马修·理查森(Matthew Richardson)于 2006 年提出,旨在解决传统逻辑系统在处理不确定性时的局限性。

简单来说，马尔可夫逻辑网络将一阶逻辑的规则与概率图模型中的马尔可夫网络结合起来，使得逻辑规则可以具有不确定性，即规则可以不完全成立。MLN 由一组加权的一阶逻辑公式和一个由这些公式定义的马尔可夫网络组成。每个公式的权重表示它在模型中的重要性或置信度，权重越高，公式越可能成立。

在 MLN 中，逻辑公式用来描述知识和关系，而权重则通过学习算法从数据中得出。这种结合允许 MLN 既能表示复杂的结构化知识，又能处理数据中的不确定性。例如，假设我们有以下逻辑规则：如果某人喜欢某本书，那么他可能会推荐这本书给朋友。在传统逻辑中，这种规则要么成立要么不成立，但在 MLN 中，这个规则可以被赋予一个权重，表示它可能有多大概率成立。

MLN 的工作过程可以分为两个阶段：模型学习和推理。在学习阶段，通过数据来确定每个逻辑公式的权重；在推理阶段，使用这些权重来计算给定证据下的各种命题的概率。这个过程利用了概率图模型中的推理技术，如吉布斯采样（Gibbs Sampling）等。

马尔可夫逻辑网络在许多领域有广泛的应用，如自然语言处理、信息抽取、推荐系统、知识图谱等。它们能够在处理复杂的、不确定的关系时提供强大的表达能力和推理能力。

马尔可夫逻辑网络是一种强大的工具,将逻辑和概率结合起来处理不确定性和复杂关系。通过这种方法,MLN能够有效地表示和推理复杂系统中的不确定性知识,为人工智能和机器学习领域提供了重要的方法论支持。佩德罗·多明戈斯和马修·理查森的贡献,使得这种模型在许多实际应用中发挥了重要作用。

虚拟粒子(Virtual Particle)

虚拟粒子是量子场论中的一个重要概念,用于解释粒子相互作用的瞬时过程。虽然它们被称为"粒子",但实际上虚拟粒子并不像普通粒子那样可以被直接观测到。它们只在粒子之间的相互作用中短暂存在,并且不能被单独检测。

虚拟粒子的概念起源于量子场论,即描述亚原子粒子行为的物理理论。根据量子场论,粒子相互作用是通过交换虚拟粒子来实现的。例如,在电磁相互作用中,两个带电粒子之间的作用力是通过交换虚拟光子来实现的。同样地,强相互作用和弱相互作用分别通过交换虚拟胶子和虚拟W、Z玻色子来实现。

虚拟粒子的一个有趣特性是它们不必满足爱因斯坦

的质能关系 $E^2=(pc)^2+(mc^2)^2$，其中 E 是能量，p 是动量，m 是质量，c 是光速。因为它们只在非常短的时间内存在，所以它们可以"借用"能量和动量，从而在不满足经典物理定律的情况下存在。这种短暂的存在是由海森堡不确定性原理允许的，该原理指出在极短时间尺度上，能量和时间的不确定性可以很大。

虚拟粒子在物理学中扮演了关键角色，特别是在费曼图的使用中。费曼图是一种图形工具，用于计算粒子相互作用的概率幅。图中的内线代表虚拟粒子，而这些虚拟粒子的存在使得我们能够通过图形化的方法来处理复杂的量子力学过程。

尽管虚拟粒子无法直接观测，但它们的影响是可以测量的。例如，虚拟粒子对粒子质量和电荷的修正，以及真空极化效应（虚拟粒子对真空的影响）等现象，都在实验中得到了验证。

贝尔不等式（Bell's Inequality）

贝尔不等式是量子力学中一个关键的概念，由物理学家约翰·贝尔（John Bell）于 1964 年提出。贝尔不等式的目的是检验量子力学和经典物理学之间的差异，特别是量子纠缠现象。量子纠缠指的是两个粒子在相互作用后,即使相隔很远,它们的状态依然紧密关联。

贝尔不等式基于经典物理学的两个重要假设:实在论和局域性。实在论认为粒子的属性在测量前已经确定;局域性则认为一个粒子的测量结果不会影响另一个远处粒子的测量结果。如果这两个假设成立,那么通过经典物理学计算出的测量结果应该满足贝尔不等式。然而,量子力学的预测却与此不同,它预言在某些情况下,粒子的测量结果会违反贝尔不等式。

为了验证这一点,物理学家设计了许多实验,其中最著名的是1982年由阿兰·阿斯派克特(Alain Aspect)及其团队进行的实验。他们通过测量一对纠缠光子的偏振态,发现实验结果确实违反了贝尔不等式,这表明量子纠缠的存在,并且粒子的状态可以超越经典物理学的局限相互影响。

贝尔不等式的违反意味着量子力学中的非局域性是真实存在的,这彻底改变了我们对自然界基本属性的理解。它揭示了一个奇妙的现象:在量子世界中,粒子之间可以存在超越空间距离的瞬时联系,这种现象被称为"量子纠缠"。贝尔不等式的发现和实验验证不仅推动了量子物理学的发展,也为量子计算和量子通信等新兴技术奠定了理论基础。

希尔伯特空间（Hilbert Space）

希尔伯特空间是数学和物理学中的一个重要概念，尤其在量子力学中扮演着关键角色。它以德国数学家戴维·希尔伯特的名字命名，是一种完备的内积空间。

希尔伯特空间是一个具有内积的向量空间，这意味着在这个空间中的每一对向量都可以通过内积运算得到一个实数或复数。内积提供了一个用来测量向量长度和角度的工具，从而定义了向量的正交性和范数（即向量的长度）。完备性意味着希尔伯特空间中的任意柯西序列都收敛到空间中的一个点。

在量子力学中，希尔伯特空间用来描述量子系统的态。具体来说，量子态通常表示为希尔伯特空间中的向量（称为态矢），而物理可观测量表示为作用在这些向量上的算符。例如，一个粒子的波函数在希尔伯特空间中是一个态矢，而位置和动量算符则是作用在这些波函数上的算符。

希尔伯特空间不仅适用于有限维向量空间（如欧几里得空间），也适用于无限维向量空间。例如，经典的二维或三维空间是有限维的希尔伯特空间，而量子力学中的态空间通常是无限维的。一个典型的无限维希尔伯特空间例子是所有平方可积函数的集合，在这个空间中，两个函数的内积定义为它们乘积的积分。

希尔伯特空间的概念对许多数学分支(如傅里叶分析、偏微分方程、谱理论)和物理学分支(如量子场论、统计力学)都有深远影响。它为我们提供了一个统一的框架来处理不同的物理系统和数学问题,通过定义和分析这些系统中的内积、算符和态。

等渗线(Isochrone)

等渗线是指从某一特定点出发,经过相同时间后到达的所有点的连线。这个概念在地质学、交通工程和生态学等领域中有广泛应用。等渗线的概念最早由法国数学家埃米尔·皮卡尔(Émile Picard)在研究扩散现象时提出,用于描述某一过程随时间的扩展情况。

简单来说,等渗线就像是地图上的时间等高线。比如,如果你从家出发,开车30分钟能到达的所有地方连成一条线,这条线就是30分钟的等渗线。这样的线可以帮助我们理解和规划很多实际问题。比如,在城市规划中,等渗线可以用来设计公共交通路线,确保居民在一定时间内能到达公共设施;在环境科学中,等渗线可以表示污染物从一个源点扩散的范围,有助于评估环境影响。

等渗线是一个非常有趣且实用的概念,通过它,我们可以直观地看到时间和空间之间的关系,从而更好地理解和解决各种实际问题。发明人埃米尔·皮卡尔通过他的研究,为我们提供了一种强有力的工具,使得复杂的扩散和传播过程变得更加容易理解和分析。

「延伸:等渗线的应用非常广泛。例如,在水文地质学中,等渗线可以帮助描述地下水从一个点向外流动的过程,从而评估水源的扩散范围和速度;在交通工程中,等渗线可以用来分析从某一交通枢纽出发,车辆在不同时间段内能够到达的区域,这对于优化交通线路和减少交通拥堵具有重要意义;在生态学中,等渗线可以描述物种扩散的速度和范围,帮助保护生物多样性。」

多层次建模(Multilevel Modeling)

多层次建模是一种统计方法,用于分析具有层次结构的数据。这种方法尤其适用于教育学、心理学、社会科学等领域,因为这些领域的数据常常具有嵌套结构,例如学生嵌套在班级中,班级嵌套在学校中。多层次建模的核心思想是同时考虑多个层次上的变异,能够更准确地描述和分析复杂的数据结构。

多层次建模的发起人可以追溯到20世纪70年代,

主要由统计学家如艾伦·布雷克（Alan Bryk）和史蒂芬·劳登布什（Stephen Raudenbush）等人推动。这种方法的出现是为了克服传统统计方法在处理嵌套数据时的局限性。传统方法通常假设所有观测值是独立的，但在实际数据中，层次结构会导致观测值之间存在相关性，这样会使得传统方法的估计结果不准确。

简单来说，多层次建模就像是同时考虑个体和群体两个层次的影响。例如，在教育研究中，我们不仅关心每个学生的成绩（个体层次），还关心这些学生所在班级和学校的影响（群体层次）。通过多层次建模，我们可以更好地理解这些不同层次的影响如何共同作用，从而做出更合理的结论和预测。

「延伸：多层次建模的应用非常广泛。例如，在健康研究中，它可以用来分析患者在不同医院的治疗效果；在生态学中，它可以用来研究不同地区物种的分布情况；在市场研究中，它可以用来分析不同市场环境下消费者的行为模式。总的来说，多层次建模是一种强大且灵活的分析工具，能够帮助研究人员更好地理解和解释复杂的数据结构。」

纳米机器人学（Nanorobotics）

纳米机器人学是一门研究和设计能够在纳米尺度上操作的微小机器人的学科。这些纳米机器人非常微小，通常只有几纳米到几百纳米（1纳米等于十亿分之一米），可以进入人体内部执行特定任务，如药物递送、癌细胞检测和治疗等。纳米机器人学的概念最早由物理学家理查德·费曼（Richard Feynman）在1959年的著名演讲《底下的空间还大得很》中提出，他预言了能够操纵原子和分子的可能性。

简单来说，纳米机器人就像是微型的"机器工人"，它们可以在极小的空间内完成特定任务。例如，在医学领域，科学家希望利用纳米机器人将药物精准送达到病变部位，从而提高治疗效果并减少副作用。纳米机器人可以通过编程控制，以特定的方式在体内移动和工作，甚至能够检测和修复细胞。

纳米机器人学的研究源于对更精准、更有效的医疗技术的需求。随着纳米技术和生物技术的发展，科学家逐渐能够制造和操纵纳米级别的结构。这一领域的研究者们来自多个学科，包括物理学、化学、材料科学和生物医学工程，他们共同努力推动这一前沿技术的发展。

纳米机器人学的应用前景广阔，不仅在医学领域，还有可能用于环境保护（如清除污染物）、工业制造（如纳米级别的精密加工）等。尽管目前纳米机器人还在实验和研发阶段，但它们代表了未来技术发展的一个重要方向。通过纳米机器人学，科学家希望实现更加高效和精确的操作，从而带来技术和生活质量的飞跃。理查德·费曼的预言和科学家的不懈努力，使得纳米机器人学成为现代科技中备受关注和期待的研究领域。

基因调控网络（Gene Regulatory Network）

基因调控网络是描述基因相互作用和调控关系的系统。它们由基因、转录因子和其他分子组成，通过复杂的网络结构控制细胞内基因的表达。基因调控网络的研究起因于 20 世纪中期，分子生物学的快速发展使科学家逐渐认识到基因并不是独立工作的，而是通过复杂的网络相互调控。

简单来说，基因调控网络就像是细胞内的"指挥系统"，它决定了哪些基因在什么时间、什么地点以什么强度表达。这种网络的核心组件是基因和调控它们的蛋白质（如转录因子）。当转录因子与基因的调控区域结合时，它们可以促进或抑制该基因的表达。例如，在胚胎发育过程中，基因调控网络确保不同的基因在适当的时间被激活,从而引导细胞分化成不同的组织和器官。

科学家通过实验和计算方法来构建和分析基因调控网络。他们使用高通量测序技术来获取基因表达数据,并利用生物信息学工具来分析这些数据,构建基因之间的调控关系图。这样的研究不仅帮助我们理解生命的基本机制,还推动了基因治疗和精准医学的发展。

「延伸:基因调控网络的研究对理解生物体的发育、适应和疾病有着重要意义。例如,在癌症研究中,科学家发现某些基因调控网络的异常活动可以导致细胞不受控制地生长和分裂。通过研究这些网络,可以找到新的治疗方法和药物靶点。」

雅可比行列式猜想(Jacobian Conjecture)

雅可比行列式猜想是数学中一个著名且尚未解决的问题,主要涉及多项式映射的可逆性。这个猜想由德国数学家卡尔·古斯塔夫·雅各布·雅可比(Carl Gustav Jacob Jacobi)在 19 世纪提出,尽管具体的形式化和广泛关注是在 20 世纪才出现的。

简单来说,雅可比行列式猜想断言:如果一个从 R^n 或 C^n 到自身的多项式映射,其雅可比行列式是一个非零常数,那么这个映射一定是可逆的,而且其逆映射也是多项式。雅可比行列式是一个由映射的偏导数构成的行列式，它在判断函数的局部可逆性方面非常有用。

这一猜想的核心在于多项式映射的全局性质和局部性质之间的联系。雅可比行列式是一个重要的工具，用于分析函数在不同点的变化行为。如果一个多项式映射的雅可比行列式在整个空间内都是非零常数，这意味着局部来说映射是可逆的，但猜想进一步推断这种局部可逆性可以推广为全局可逆性。

雅可比行列式猜想在许多数学领域有重要应用，包括代数几何、复分析和动力系统等。尽管看似简单，这一猜想的证明或者反例寻找至今仍未成功。它吸引了许多数学家的研究和探索，提出了许多相关的子问题和广义猜想。

梯度消失问题（Vanishing Gradient Problem）

梯度消失问题是深度学习中一个常见且重要的问题，在训练深层神经网络时尤为突出。这个问题最早由人工智能研究者如泽普·霍赫赖特（Sepp Hochreiter）和尤尔根·施密德胡伯（Jürgen Schmidhuber）在 20 世纪 90 年代提出和研究。

简单来说，梯度消失问题是指在反向传播过程中，随着网络层数的增加，梯度逐渐变得非常小，最终接近于零。这导致前面层的权重几乎不会更新，从而使得深层神经网络难以有效训练。当我们使用反向传播算法来更新网络权重时，需要计算损失函数对每一层权重的偏导数，即梯度。如果这些梯度在传播过程中不断变小，网络的训练过程会变得非常缓慢，甚至无法继续。

这个问题在使用激活函数如 Sigmoid 或 Tanh 时尤其明显，因为这些函数的导数在输入绝对值较大时会趋近于零，进一步加剧了梯度的衰减。为了克服梯度消失问题，研究人员提出了多种解决方案。例如，使用 ReLU（Rectified Linear Unit）激活函数，它在输入为正值时具有常数梯度，可以有效缓解梯度消失。此外，技术如批归一化和残差网络也被广泛应用，以帮助梯度更好地传递和保持。

梯度消失问题的解决对于深度学习的发展具有重大意义，因为它使得训练更深层次的网络成为可能，从而推动了图像识别、自然语言处理等领域的技术进步。通过理解和应对这一问题，研究人员能够设计出更高效、更强大的神经网络模型，从而进一步推动人工智能的发展。

离子阱量子计算（Ion Trap Quantum Computing）

离子阱量子计算是一种利用电磁场来捕捉和操控单个带电原子（离子）进行量子计算的方法。这个技术的核心是将离子固定在电磁阱中，通过精确控制它们的量子态来进行计算。离子阱量子计算的概念由诺贝尔物理学奖得主沃尔夫冈·保罗（Wolfgang Paul）和汉斯·德默尔特（Hans Dehmelt）在20世纪50年代提出，他们开发了最初的离子捕捉技术。

简单来说，离子阱量子计算使用激光脉冲来操作和测量离子的量子态。每个离子可以表示一个量子比特，其量子态可以是0、1或者两者的叠加态。通过操控这些量子态，科学家可以执行量子门操作，这些操作是量子计算的基本构建块。由于离子的量子态可以被精确控制和保持很长时间，离子阱量子计算被认为是实现量子计算的一种有前途的方法。

离子阱量子计算具有几个显著优点。首先，离子的量子态可以通过激光技术高精度地控制，减少了量子计算中的误差；其次，离子的量子态可以长时间保持相干性，这对于执行复杂的量子计算任务至关重要；最后，离子阱系统的可扩展性较好，可以通过增加更多的离子来扩展计算能力。

离子阱量子计算的研究起因于对更强大计算能力的需求,尤其是在解决经典计算机无法高效处理的问题上,如大数分解和量子模拟。近年来,许多研究机构和公司,如谷歌和IBM,都在积极开发基于离子阱的量子计算机,希望通过这一技术实现实用的量子计算。

湍流流体力学(Turbulent Fluid Mechanics)

湍流流体力学是研究湍流现象的科学。湍流是一种复杂且无规则的流动状态,常见于自然界中的河流、大气、海洋和工业过程中的管道流动等。湍流的特点是流体的速度和压强在时间和空间上都发生剧烈且无规则的变化,这使得湍流的研究非常复杂。

湍流流体力学的研究可以追溯到19世纪末,当时英国工程师奥斯本·雷诺兹(Osborne Reynolds)通过实验研究了流体在管道中的流动,发现了层流和湍流两种不同的流动模式。雷诺兹通过引入雷诺数(Reynolds number)这一无量纲参数,描述了流体流动状态的变化:当雷诺数较小时,流动是层流的,随着雷诺数的增大,流动变得湍流。

湍流现象之所以重要,是因为它广泛存在于自然和工业中,并且对很多工程问题有直接影响。湍流会影响船只和飞机的阻力、建筑物的风荷载、气象预报的准确性等。因此,理解和预测湍流行为对工程设计和科学研究至关重要。

尽管湍流看似混乱无序,但其中仍然存在某些统计规律和结构。现代湍流研究结合实验、理论和计算方法,试图揭示湍流中的各种尺度和能量的分布。特别是随着计算流体力学(CFD)的发展,科学家可以通过计算机模拟湍流,得到更精确的流动细节。

独立粒子近似(Independent Particle Approximation)

独立粒子近似是量子力学中的一种方法,用于简化多粒子系统的计算和分析。这个近似假设在多粒子系统中,每个粒子独立运动,不受其他粒子的直接影响。虽然在现实中粒子之间存在相互作用,这种近似方法在很多情况下仍然提供了非常有用的结果。

独立粒子近似的概念可以追溯到20世纪初期,随着量子力学的发展而逐渐形成。量子力学的奠基者如玻尔、海森堡和薛定谔在研究原子和分子结构时,发现处理多粒子系统的复杂性非常高。因此,他们提出了一种简化的方法，即假设每个电子在有效场中独立运动，而不是考虑所有电子之间的相互作用。这种方法为理解复杂原子和分子的结构和行为提供了重要的基础。

具体来说，独立粒子近似在描述原子结构时非常有用。通过这种方法，我们可以将一个多电子原子的复杂问题简化为多个独立电子在核的库仑势场中运动的问题。这种方法的一个典型应用是哈特里-福克方法，它通过迭代计算，找到每个电子在平均场中的最优运动状态。

独立粒子近似虽然忽略了粒子之间的直接相互作用，但在许多情况下，尤其是对于较弱的相互作用，它提供了一个非常好的近似结果。这种方法广泛应用于固体物理、原子物理和核物理中，帮助科学家理解和预测复杂系统的性质。

模型论（Model Theory）

模型论是数理逻辑的一个分支，研究数学结构的性质以及这些结构如何解释或"满足"某些逻辑公式。模型论的基本思想是将数学对象视为"模型"，并研究它们是否满足特定的逻辑语言描述。

模型论的起源可以追溯到 20 世纪初，数学家如阿尔弗雷德·塔斯基（Alfred Tarski）和库尔特·哥德尔等人在逻辑和集合论领域的工作。塔斯基特别以其在真理论和模型论方面的贡献而闻名,他的发展为现代模型论奠定了基础。

简单来说,模型论研究的是数学语言和结构之间的关系。假设我们有一个数学结构,比如一个集合或一个群,模型论关心的是哪些逻辑语句在这个结构中为真。例如,考虑一个简单的算术系统,模型论会研究在这个系统中,诸如"每个数都有一个唯一的平方根"这样的语句是否成立。

模型论的一个重要概念是同构,它研究两个结构在逻辑上是否"等价",即它们是否满足相同的逻辑公式。通过这种方式,模型论能够分类和比较不同的数学结构。

「延伸:模型论在许多数学和理论计算机科学领域中都有广泛应用。例如,在代数几何中,模型论帮助研究多项式方程组的解集结构;在计算机科学中,它用于验证程序和系统的正确性。模型论还提供了工具来分析逻辑系统的完备性和一致性,帮助我们理解不同逻辑系统的表达能力。」

量子键合图（Quantum Entanglement Diagram）

量子键合图是用于描述量子系统中粒子之间纠缠关系的一种图示方法。量子纠缠是量子力学中的一种独特现象，指的是两个或多个粒子的量子状态不能独立描述，而是必须作为一个整体来描述，即使它们相隔很远。量子键合图帮助我们直观地理解和分析这些复杂的纠缠关系。

量子键合图的概念可以追溯到20世纪中期，随着量子力学的发展，科学家逐渐认识到量子纠缠在量子计算和量子通信中的重要性。量子纠缠由物理学家如爱因斯坦、鲍里斯·波多尔斯基（Boris Podolsky）和纳森·罗森（Nathan Rosen）在1935年提出，又被称为EPR佯谬。1964年约翰·贝尔提出的贝尔不等式进一步推动了这方面的研究。

简单来说，量子键合图通过节点和连线来表示量子系统中的粒子及其纠缠关系。节点代表粒子，连线表示粒子之间的纠缠。比如，如果两个粒子纠缠在一起，它们之间会有一条连线。这样，当我们分析一个量子系统时，可以通过观察图中的连线来理解哪些粒子是纠缠的，以及纠缠的复杂程度。

量子键合图在量子信息科学中有着广泛的应用。它们帮助科学家设计量子计算机算法，分析量子通信网络的性能，以及研究量子态传输和纠缠分布。通过量子键合图，研究人员可以更直观地理解和操作量子纠缠，为实现实用的量子计算和通信技术提供理论支持。

熵（Entropy）

熵是物理学和信息论中的一个核心概念，描述了系统的混乱程度或信息的不确定性。熵的概念由德国物理学家鲁道夫·克劳修斯在19世纪提出，用于描述热力学过程中的能量分布和不可逆性。克劳修斯发现，熵在自然过程中总是增加，揭示了热力学第二定律的重要性。

简单来说，熵可以看作是系统混乱程度的度量。在热力学中，熵反映了一个系统中能量的分布情况：一个高熵的系统具有高混乱度和能量分散性，而低熵系统则更有序。例如，当冰块融化成水，系统的熵增加，因为水分子比冰晶分子排列更混乱。

在信息论中，熵由克劳德·香农在20世纪中期引入，用来量化信息的不确定性。香农熵定义为一个信息源输出的平均信息量，描述了信息的复杂性和不可预测性。例如，在一个纯文本消息中，随机字母序列的熵比有序字母序列的熵高，因为前者的可预测性低。

熵的概念帮助我们理解自然界的许多现象。热力学中的熵解释了为什么自然过程总是朝向更大混乱度发展，例如热量从高温物体传递到低温物体。信息论中的熵则用于数据压缩和传输技术，通过量化信息量来优化编码方案。

零知识证明（Zero-Knowledge Proof）

零知识证明是一种密码学技术，它允许一个人（证明者）向另一个人（验证者）证明自己知道某个秘密信息，而不泄露该信息的任何细节。这个概念最早由密码学家沙菲·戈德瓦瑟（Shafi Goldwasser）、西尔维奥·米卡利（Silvio Micali）和查尔斯·拉克夫（Charles Rackoff）在20世纪80年代提出。

简单来说，零知识证明就像是在说"我知道这个秘密，但我不会告诉你具体是什么，但你仍然可以相信我确实知道"。例如，如果你想证明你知道一个房间的密码，你可以使用零知识证明的方法让对方相信你确实知道密码，但你并不需要告诉对方密码本身。

零知识证明有三个主要特性：完备性、可靠性和零知识性。完备性保证如果证明者确实知道秘密，验证者就能通过验证。可靠性确保如果证明者不知道秘密，验证者几乎不可能通过验证。零知识性则意味着验证者无法从证明过程中获得任何关于秘密的信息。

这一概念的研究源于在不泄露关键信息的情况下进行安全验证，尤其是在密码学和信息安全领域中。例如，零知识证明在区块链技术中应用广泛，用于隐私保护和确保交易的真实性而不暴露交易细节。

零知识证明的发明为密码学带来了革命性的变化，特别是在保障隐私和数据安全方面。通过这种技术，我们可以在许多实际应用中实现安全和隐私保护，如身份认证、隐私货币和安全通信等。沙菲·戈德瓦瑟、西尔维奥·米卡利和查尔斯·拉克夫的开创性工作，使得零知识证明成为现代密码学中的一个重要工具。

非唯一性定理（Non-Uniqueness Theorem）

非唯一性定理在数学和物理学中是指某些问题或方程的解不唯一，即可能存在多个不同的解满足同一个方程或条件。这种现象在许多复杂系统和非线性方程中经常出现，揭示了系统的多解性和潜在的复杂行为。

非唯一性定理在数学上的一个典型例子是偏微分方程（PDE）。某些 PDE 在给定初始条件或边界条件下可能会有多个解。特别是在流体力学中的纳维-斯托克斯方程，描述了流体的运动，该方程的解的唯一性和存在性仍然是一个悬而未决的问题，著名的千禧年难题之一就是关于该方程解的存在性和光滑性。

非唯一性定理的一个重要应用是在动力系统中。非线性动力系统的行为可能非常复杂，初始条件的微小变化可以导致完全不同的演化路径，这种现象称为混沌。混沌理论研究的就是这种系统的非唯一性和复杂行为。

非唯一性定理的研究可以追溯到许多著名数学家和物理学家的工作。卡尔·雅可比和约瑟夫·刘维尔在19世纪对哈密顿-雅可比方程的研究，揭示了非线性系统中多解的可能性。20世纪的物理学家如爱德华·洛伦兹（Edward Lorenz）通过气象模型发现了混沌现象，进一步推动了对非唯一性问题的研究。

信息物理学（Information Physics）

信息物理学是一个跨学科领域，研究信息的基本性质及其在物理系统中的表现和传递。这个领域结合信息理论、热力学和量子力学等学科，旨在理解信息如何在自然界中产生、存储、传递和转换。

信息物理学的起源可以追溯到20世纪中期，特别是克劳德·香农在1948年提出的信息论。这一理论为信息的量化和传递奠定了基础。后来,物理学家如约翰·冯·诺依曼和罗尔夫·兰道尔(Rolf Landauer)进一步发展了这一领域,提出了信息与物理系统之间的关系。例如,兰道尔定理指出,在计算过程中擦除一比特的信息需要消耗能量,揭示了信息处理的热力学成本。

简单来说,信息物理学研究的是信息在物理系统中的作用和影响。例如,在热力学中,信息可以影响系统的熵值,描述系统的无序程度。在量子力学中,量子信息理论研究量子比特和量子纠缠等现象,揭示了信息在微观层面的独特性质。

信息物理学的应用非常广泛。在计算机科学中,它帮助设计更高效的算法和硬件,通过优化信息处理来降低能耗;在通信技术中,它用于提高数据传输的可靠性和速度;在物理学中,它提供了一种新的视角,帮助我们理解黑洞、量子计算和生命系统中的信息流动。

球状编码(Spherical Coding)

球状编码是计算机视觉和图像处理中的一种技术,用于表示和分析图像数据。这种技术通过将高维图像特征映射到一个球面上,使得特征在球面上均匀分布,从而提升特征表示的鲁棒性和判别能力。

球状编码的概念可以追溯到图像处理和模式识别的早期研究阶段,随着机器学习和深度学习的发展,球状编码在处理高维数据和提高模型性能方面得到了更多关注和应用。具体的发明人和发起人很难确定,因为它是多个研究成果的汇集和发展,但其理念深受向量量化和特征编码方法的影响。

简单来说,球状编码通过将图像或其他数据的特征向量投影到单位球面上,从而标准化特征向量的长度。这种方法的主要优点是可以减少特征的尺度差异,使得相似特征在高维空间中的距离更具可比性。例如,在图像分类任务中,球状编码可以提高特征匹配的精度和分类器的性能。

「延伸:球状编码的应用非常广泛,包括图像分类、图像检索、对象检测和人脸识别等。它通过标准化特征向量,增强了特征的判别能力,特别是在高维数据处理和深度学习模型中,球状编码成为一种有效的预处理方法。」

有光
— 要有光！—

主　编｜安　琪
策划编辑｜白毛毛

营销总监｜张　延
营销编辑｜狄洋意　许芸茹　韩彤彤

版权联络｜rights@chihpub.com.cn
品牌合作｜zy@chihpub.com.cn

出品方　至元文化（北京）
CHIH YUAN CULTURE

Room 216, 2nd Floor, Building 1, Yard 31,
Guangqu Road, Chaoyang, Beijing, China